Glattfußhühner und Rauhfußhühner:

sehr gute Fußgänger; größte Arten der Gruppe: Auerhuhn (60 – 87 cm lang), Fasan (53 – 89 cm lang)

Fasan   Rebhuhn   Auerhuhn

Störche, Reiher und Kraniche:

überwiegend schlanke Vögel mit langem Hals, langen Beinen; Störche und Reiher mit kräftigen, spitzen Schnäbeln; größte Arten der Gruppe: Weißstorch (1,00 – 1,15 m lang), Kranich (1,10 – 1,20 m lang)

Storch   Reiher   Kranich

Regenpfeifer, Austernfischer, Stelzenläufer und Schnepfenvögel:

unterschiedliche Gestalt, oft mit langen Beinen und Schnäbeln; größte Arten der Gruppe: Austernfischer (40 – 45 cm lang), Großer Brachvogel (50 – 60 cm lang)

Regenpfeifer   Austernfischer   Säbelschnäbler   Wasserläufer   Strandläufer   Kiebitz

Entenartige, Rallen, Lappentaucher und Kormorane:

überwiegend Schwimmvögel, Schnabel bei den Entenartigen meist breit und flach, Füße mit Schwimmhäuten zwischen den Zehen oder Zehen mit Schwimmlappen; größte Arten der Gruppe: Kormoran (0,80 – 1,00 m lang), Höckerschwan (1,45 – 1,60 m lang)

Tauchente   Schwimmente   Säger   Gans

Schwan   Zwergtaucher   Haubentaucher   Bläßhuhn   Kormoran

Möwen und Seeschwalben:

schlank, lange Flügel, gute Flieger; mit Schwimmhäuten zwischen den Zehen; meist weißes Gefieder, teilweise dunkle Kopfplatte oder Flügeloberseiten; größte Art der Gruppe: Mantelmöwe (64 – 78 cm lang)

Möwe   Seeschwalbe

VÖGEL

Eckart Pott

Vögel

KOSMOS

Mit Hilfe dieses Naturführers ist es möglich, mitteleuropäische Vögel kennenzulernen und auf einfache Weise zu bestimmen. Die wichtigste Bestimmungshilfe bietet der Schlüssel auf den vorderen Umschlagseiten. Er basiert auf den Silhouetten verschiedener Vogelarten. Typische Arten sind nach Ähnlichkeiten in acht Gruppen zusammengefaßt. Beobachtet man nun einen Vogel, sucht man auf diesen beiden Seiten nach einer möglichst ähnlichen Silhouette und ermittelt die entsprechende Gruppe. Jeder einzelnen Gruppe ist eine Farbe zugeordnet, die sich dann als waagerechter Balken oben auf den entsprechenden Seiten des Bestimmungsteils wiederfindet. Im Bestimmungsteil (ab Seite 16) sind die Vögel wiederum nach Ähnlichkeit zusammengestellt. Die Fotos zeigen in den meisten Fällen Männchen im Brutkleid.

Flugsilhouetten von Kranichen

Weibchen oder Jungvögel werden im Text beschrieben und gegebenenfalls in einer ergänzenden Grafik gezeigt.
Oben auf jeder Seite steht im senkrechten Farbbalken der Name der Familie, in die der betreffende Vogel einzuordnen ist. In der Infoleiste finden sich die Kurzinformationen, die man für eine schnelle Bestimmung benötigt:
Die **Größe** des Vogels wird doppelt angegeben, im Vergleich mit einer bekannten Vogelart und in Zahlen. Als Maßstab für die Größenklassen dienen folgende Kennarten, die jedem Naturfreund vertraut sind:

Die bekannte Amsel eignet sich gut als Größenvergleich.

Sperling (= Haussperling)	14,5 cm lang
Amsel	24 – 25 cm lang
Taube (= Haus-/Felsentaube)	31 – 34 cm lang
Ente (= Stockente)	51 – 62 cm lang
Gans (= Graugans)	75 – 90 cm lang

Die in diesem Zusammenhang verwendeten Zeichen bedeuten:
> **größer als**
< **kleiner als**
~ **ungefähr so groß wie**
Die Benutzung der Größe als Bestimmungsmerkmal stellt einen Kompromiß dar. Gleich „lange" Vögel können auf Grund ihrer Form unterschiedlich „groß" wirken. Die Größenklassen sollen

▶ Der Weißstorch gehört zu den Sommervögeln.

also nur eine schnelle erste Orientierung bieten. Darunter werden dann genaue Maßangaben zur **Länge** des Vogels von der Schnabelspitze bis zur Schwanzspitze gemacht. Bei größeren Vö-

geln wird zusätzlich die **Spann-weite** angegeben.
Ebenfalls der schnellen Orientierung dient die Kurzangabe zum jahreszeitlichen Auftreten des Vogels in Mitteleuropa. Dabei werden die folgenden Begriffe benutzt:
- **Jahresvogel**: das ganze Jahr über in Mitteleuropa anwesend
- **Teilzieher**: ein Teil der Vögel zieht ab, ein anderer Teil überwintert in Mitteleuropa
- **Sommervogel**: nur im Sommer in Mitteleuropa anwesend, alle Vögel ziehen ab; in diesem Fall folgt die Angabe, von wann bis wann sich die Art in Mitteleuropa aufhält
- **Durchzügler und Wintergast**: nur auf dem Zug oder im Winter in Mitteleuropa anzutreffen; fast ausschließlich Vögel aus dem Norden
Unter **Merkmale** werden dann als wesentliche äußerliche Bestimmungsmerkmale die Färbung des Gefieders und das gegebenenfalls unterschiedliche Aussehen von Weibchen und Jungvögeln beschrieben. Zur Erklärung der Fachbegriffe kann

man parallel die Abbildung im Umschlag vorne ausklappen („Vogeltopographie").
Das Stichwort **Vorkommen** gibt an, in welchem Lebensraum man den betreffenden Vogel beobachten kann. In den meisten Fällen beziehen sich die Angaben auf die Brutzeit.
Unter **Verbreitung** ist nachzulesen, in welchen Regionen Europas bzw. anderer Erdteile mit dem Auftreten der betreffenden Art als Brutvogel zu rechnen ist. Im Kopf der Haupttexte zu den einzelnen Vogelarten stehen der deutsche Name und darunter der wissenschaftliche Name. Die Texte enthalten weiter wesentliche Hinweise, wie sich der betreffen-

Erst im Flug werden die großen Flügel des Uhus deutlich sichtbar.

de Vogel sicher bestimmen oder von ähnlichen Arten unterscheiden läßt. Es können die Färbung und typische Verhaltensweisen, aber auch charakteristische Rufe und der Gesang beschrieben werden. Darüber hinaus wird biologisch Wissenswertes mitgeteilt, so daß man den Vogel näher kennenlernt. Das kann die Ernährungsweise oder die Brutbiologie betreffen (s. auch die Nesterscheibe im Umschlag hinten). Stellenweise wird eine nah verwandte Vogelart vorgestellt, die dann auch in einer Grafik zu sehen ist. Oder es erfolgt ein Hinweis auf die Gefährdung der Art und mögliche Hilfsmaßnahmen. Im Anschluß an den so aufgebauten Bestimmungsteil werden

Spannweiten einiger Vögel

Baßtölpel	1,65 – 1,80 m
Blaumeise	0,20 m
Eichelhäher	0,55 m
Großer Brachvogel	0,80 – 1,00 m
Höckerschwan	2,08 – 2,38 m
Kiebitz	0,70 m
Kolkrabe	1,25 m
Mäusebussard	1,13 – 1,28 m
Mantelmöwe	1,50 – 1,65 m
Ringeltaube	0,75 m
Schleiereule	0,85 – 0,93 m
Seeadler	2,00 – 2,40 m
Weißstorch	1,55 – 1,65 m
Wintergoldhähnchen	0,16 m

Vögel im Überblick gezeigt, die für zwei große europäische Ferienregionen, den europäischen Norden (Schwerpunkt Skandinavien) und den europäischen Süden (Mittelmeerraum), typisch sind. Diese Seiten (Seiten 204 – 215) sollen dazu anregen, sich weiter mit der europäischen Vogelwelt zu beschäftigen.

(Seiten 204 – 215)

WAS IST EIN VOGEL?

Vögel sind gleichwarme Wirbeltiere. Ihr Körper ist durch das Federkleid gegen zu hohen Wärmeverlust isoliert und gut vor Wind, Kälte und Hitze geschützt. Das Skelett weist einige Besonderheiten auf, die Gewichtsersparnis zum Ziel haben. So besitzen viele Knochen lufterfüllte Hohlräume; das Knochenmark ist zurückgebildet. Nur auf Grund ihrer Leichtbaukonstruktion ist es den Vögeln möglich, den Luftraum zu nutzen.

Während die Vögel mit ihren Beinen sitzen, laufen, klettern, Beute ergreifen oder sich putzen, ergeben die Vordergliedmaßen in Kombination mit dem Fluggefieder Tragflächen, mit denen sich die Vögel in der Luft halten und fortbewegen können. Da die Federn vor allem an den Flügeln

Fluggeschwindigkeiten einiger Vögel	
Graureiher	35 – 45 km/h
Haussperling	30 – 40 km/h
Kiebitz	40 – 70 km/h
Kormoran	70 km/h
Mauersegler	max. 180 km/h
Ringeltaube	60 km/h
Silbermöwe	40 km/h
Stockente	75 km/h
Wanderfalke, Sturzflug	290 km/h
Weißstorch	45 km/h

starken Beanspruchungen ausgesetzt sind, werden sie regelmäßig bei der Mauser durch neue ersetzt. Die Mauser kann auch dazu führen, daß die Gefiederfärbung je nach Jahreszeit wechselt (Brut- oder Prachtkleid, Ruhe- oder Schlichtkleid).

Ein wichtiges Merkmal der Vögel ist der Schnabel, der wie die Federn aus dem leichten Baumaterial Horn besteht. Er dient als

Der Waldkauz hat eindrucksvolle Augen.

vielseitig einsetzbares Werkzeug und ist bei den einzelnen Vogelgruppen entsprechend ihrer jeweiligen Ernährungsweise ganz unterschiedlich gebaut (s. vordere Umschlagklappe innen).

Die energiezehrende fliegende Lebensweise der Vögel hat eine hohe Stoffwechselaktivität zur Folge. Sie zieht nach sich, daß die Körpertemperatur der Vögel zwischen 40 und 45° C liegt und daß Vögel sehr aktiv sind, um sich die notwendigen Nahrungsmengen zu beschaffen. Eine solche Lebensweise erfordert ein spezialisiertes Atmungssystem. Deshalb haben Vögel ein kompliziertes System aus Lunge und anhängenden Luftsäcken, um den Gasaustausch möglichst effektiv zu gestalten.

Die am besten ausgebildeten Sinnesorgane sind Augen und Ohren. Dies drückt sich u. a. darin aus, daß viele Vögel markant gefärbt sind und daß viele Verhaltensweisen über optische Reize ausgelöst werden, aber auch darin, daß die meisten Vögel über ein oft ausgedehntes Repertoire an Rufen und Gesängen verfügen.

VOGELSTIMMEN

Oft wird man auf Vögel zuerst durch ihre Lautäußerungen aufmerksam. Dabei ist zwischen instrumentalen und stimmlichen Äußerungen zu unterscheiden. Zu den instrumentalen gehören

Das Klappern der Weißstörche gehört zu den Instrumentallauten.

etwa das Trommeln der Spechte (mit dem Schnabel), das Schnabelklappern der Störche, das „Meckern" der Bekassinen (mit besonderen Federn im Schwanz erzeugt) oder das Flügelklatschen balzender Ringeltauben oder Sumpfohreulen. Zu den stimmlichen Äußerungen gehören die vielfältigen Rufe und Gesänge. Alle Laute haben die Funktion, Informationen weiterzugeben. Bestimmte Rufe etwa warnen

Artgenossen vor Gefahren oder sichern den Zusammenhalt im Trupp oder Schwarm. Man unterscheidet also Warn-, Flug-, Lockrufe etc., und es ist verständlich, daß man Vogelrufe fast das ganze Jahr über hören kann. Die Gesänge wiederum werden meist von den Männchen vorgetragen und dienen dazu, das zu Beginn der Brutperiode besetzte Revier zu markieren und ein Weibchen anzulocken. Vielfach fördern sie auch den Zusammenhalt des Paares und die Abstimmung der geschlechtlichen Aktivität. Man hört Gesänge deshalb im wesentlichen zur Brutzeit. Der Zaunkönig beispielsweise singt aber fast das ganze Jahr über. Und der Waldkauz beginnt auch schon im ausgehenden Winter zu singen. Ganz ohne Vogelgesang sind also nur sehr wenige Monate im Jahr. Gesänge hört man – mit Ausnahme der Mittagsstunden und der Zeit um Mitternacht – auch fast den ganzen Tag über. Die vielfältigsten „Vogelkonzerte" erklingen aber in der Morgen- und Abenddämmerung. Instrumentallaute, Rufe und Gesänge sind nun ebenso artspezifische Merkmale wie etwa ein typischer Überaugenstreif (s. vordere Umschlagklappe innen). Sie lassen sich also zum Bestimmen heranziehen, was vor allem bei äußerlich sehr ähnlichen Vögeln (etwa den Laubsängern) eine große Hilfe bedeutet.

Vogelstimmen kann man an Hand von Büchern kennenlernen, besser aber mittels Tonkassetten oder CDs. Die beste Methode ist nach wie vor, sich die Stimmen vor Ort von einem Ornithologen erklären zu lassen. Naturschutzverbände beispielsweise bieten

Rufend nimmt diese brütende Sturmmöwe Kontakt zu ihrem Partner in der Nähe auf.

vogelkundliche Wanderungen an, auf denen man innerhalb kurzer Zeit eine Menge lernen kann.

Vögel zu beobachten ist eine der schönsten Nebensachen der Welt. Mit Liebe zur Natur, Geduld, „Geländegängigkeit", passender Kleidung und nur wenig Ausrüstung kann man sich eine schöne und befriedigende Abwechslung zum Alltagsleben erschließen.

Dazu ist in jedem Fall ein gutes Fernglas vonnöten. Bewährt haben sich Gläser mit 8- oder 10facher Vergrößerung. Langfristig macht es sich bezahlt, in erster Linie auf die optische Qualität zu achten; bei langem Beobachten ermüden die Augen erfahrungsgemäß bei einem hochwertigen Glas weniger als bei einem Glas minderer Qualität. Aber auch das Gewicht kann ein Argument sein, etwa beim Beobachten in den Bergen. Wer häufig an großen Seen oder im Wattenmeer nach Vögeln Ausschau halten will, kommt auf die Dauer um ein Fernrohr oder Spektiv kaum herum. Ein 40fach vergrößerndes Rohr oder eines mit variabler Vergrößerung (etwa 30- bis 60fach) ist eine gute Lösung; eine Zieleinrichtung in Form von Kimme und Korn o. ä. ist sehr hilfreich. Damit aber der

► Zur Vogelbeobachtung eignen sich Ferngläser oder auch Spektive.

Wind einem die Vögel nicht vor den Augen tanzen läßt, muß das Fernrohr auf einem soliden Stativ montiert sein.

In die Tasche gehört ein Bestimmungsbuch, um vor Ort nachschlagen zu können. Zu Hause läßt sich damit dann ein „Trockentraining" machen: Man blättert das Bestimmungsbuch immer wieder einmal durch und prägt sich vor allem die Abbildungen ein. Um einen Vogel nämlich draußen schnell und sicher bestimmen zu können, sollte man seine wesentlichen Merkmale bereits im Kopf haben.

Hilfreich ist ein Notizbuch. Man kann sich rasch ein paar Besonderheiten notieren, eine Zeichnung von beobachteten Details des Gefieders machen oder umschreiben, wie der Vogel singt. Mancher Naturfreund wird auch ein regelrechtes Beobachtungstagebuch führen wollen.

Interessante Vogelbeobachtungen lassen sich übrigens das ganze Jahr über machen. Der Vorfrühling mit den ersten Vogelstimmen hat seinen Reiz, aber auch die Brutzeit mit den vielfältigen Fortpflanzungsaktivitäten. Zur Zugzeit (Herbst und Frühling) und im Winter kann man in Mitteleuropa auch Vogelarten beobachten, die in weiter nördlich gelegenen Gebieten brüten. Diese Vögel treten dann oft in eindrucksvollen Zahlen auf.

Schließlich ist es auch reizvoll, die Vogelwelt anderer Regionen Europas kennenzulernen (s. die Seiten 204 – 215 am Ende des Bestimmungsteils). Für den europäischen Süden (Mittelmeerraum) sind die Monate April/Mai eine geeignete Reisezeit, für den europäischen Norden (Schwerpunkt Skandinavien) die Monate Juni/Juli. Und wer auf den Geschmack gekommen ist, wird irgendwann auch einmal die Vogelwelt Afrikas, Australiens oder der Antarktis kennenlernen wollen.

▶ Manchmal sieht man nur Einzelvögel, manchmal große Vogelmassen.

Januar/Februar

▶ Die überwinternden mitteleuropäischen Vogelarten und die Überwinterer aus dem Norden bestimmen das Bild.

▶ An der Nord- und Ostseeküste nach nordischen Wasservögeln wie Sterntaucher und Schellente, Watvögeln (Limikolen) wie Meerstrandläufer, Pfuhlschnepfe und Steinwälzer und Kleinvögeln wie Ohrenlerche, Berghänfling und Schneeammer Ausschau halten.

▶ Im späten Februar beginnen bereits erste Vogelarten zu balzen (z. B. Graureiher, Enten, Kiebitz, Sandregenpfeifer, Waldkauz). Es sind interessante Verhaltensbeobachtungen zu machen.

März/April

▶ Rückkehr der Brutvogelarten, die im südlichen Europa und in Afrika überwintert haben.

▶ Auf die Vogelstimmen der einheimischen Singvögel achten (Rufe und Gesänge kennenlernen, Tonaufnahmen machen).

▶ Ab April (bis in den Mai hinein) herrscht an der Nordseeküste ein starker Durchzug von Watvögeln (Limikolen) wie Goldregenpfeifer, Knutt und Alpenstrandläufer. Kraniche rasten auf ihrem Zug nach Norden für einige Zeit an der deutschen Ostseeküste.

▶ Die Brutzeit vieler mitteleuropäischer Vogelarten beginnt, im April treten auch schon erste Jungvögel (Graureiher) auf.

▶ Zeit für Beobachtungen im Mittelmeerraum gut geeignet; dort fangen die Vögel früher als in Mitteleuropa an zu brüten!

Mai/Juni

▶ Letzte mitteleuropäische Sommervögel kommen aus den südlicher gelegenen Winterquartieren an.

▶ Beste Zeit, die Stimmen der Vögel kennenzulernen; gegen Ende Juni nimmt die Gesangsaktivität deutlich ab.

▶ Brutzeit bei den einheimischen Vogelarten, Jungvögel

▶ Ab Juni gute Zeit für Vogelbeobachtungen in Skandinavien und anderen nördlich gelegenen Gebieten, da dort die Vögel später als in Mitteleuropa zu brüten anfangen!

Juli/August

▶ Die Brutzeit geht in Mitteleuropa zu Ende. Gesänge sind kaum noch zu hören. Die Mauser setzt bei verschiedenen Vogelarten ein.

▶ Gute Zeit für Bergwanderungen in den Alpen; besonders auf die typischen Vogelarten wie Gänsegeier, Steinadler, Alpenschneehuhn, Bergpieper, Alpenbraunelle, Ringdrossel, Mauerläufer, Tan-

nenhäher und
Schneefink achten.

▶ An den Vogelfel-
sen im Norden
herrscht im Juli volle
Aktivität. Typische
Meeresvögel wie
Baßtölpel und Papa-
geitaucher lassen
sich jetzt am Brut-
platz beobachten.

Im Juli kann man den Gänsesäger bei der Aufzucht seiner
Jungen beobachten.

▶ Im Juli setzt an
der Nordseeküste be-
reits der Durchzug von
Watvögeln (Limikolen) aus den
Brutgebieten im Norden ein.

▶ Im August einsetzender Klein-
vogelzug; erste Arten aus dem
Norden tauchen in Mitteleuropa
auf; erste mitteleuropäische Sommervögel setzen sich nach Süden
in Richtung Winterquartier ab.

September/Oktober
▶ Wildgänse treffen aus den
Brutgebieten im Norden ein. Die
besten Beobachtungsgebiete finden sich an der Nord- und Ostseeküste sowie am Niederrhein.

▶ Höhepunkt des Durchzuges
von Watvögeln (Limikolen) aus
dem Norden an den Küsten von
Nord- und Ostsee, im Oktober
ausklingend; im Oktober beste
Zeit für Beobachtungen durch-
ziehender Kraniche an der deutschen Ostseeküste

▶ Letzte mitteleuropäische Sommervögel ziehen ab.

November/Dezember
▶ Die Sträucher und Bäume
sind ohne Laub, Vogelnester lassen sich jetzt leicht entdecken
(s. auch die Scheibe im Buchum-
schlag hinten).

▶ Das Zuggeschehen ist abge-
klungen; die überwinternden
mitteleuropäischen Vögel und
die Wintergäste bestimmen das
Bild.

▶ Die Wanderungsbewegungen
der Vögel entsprechen den vor-
herrschenden Lebensbedingungen, z. B. Ausweichen, wenn Gewässer zufrieren (oft Massierun-
gen von Wasservögeln an noch
eisfreien Stellen).

▶ Bei Schnee auf die Fußspuren
von Vögeln achten. Auch nach
Fraßspuren Ausschau halten.

Einen Vogel zu sehen, ist eine Sache, dann aber herauszufinden, um welche Art es sich handelt, ihn zu bestimmen, ist eine andere - und meistens schwierigere. Der folgende Katalog an Fragen und Hinweisen soll anregen, bereits bei der Beobachtung eines Vogels auf alles Wesentliche zu achten. Zur Erklärung der Fachbegriffe kann man parallel die Abbildung zur „Vogeltopographie" im Umschlag vorne ausklappen.

1. Welche Größe hat der Vogel? Welche Gestalt hat er, wie ist er gebaut?
Ein Vogel kann so groß wie ein Sperling oder eine Amsel sein, aber auch so groß wie eine Taube oder eine Gans. Er kann schlank oder eher rundlich gebaut sein. Die Haltung kann aufrecht sein oder auch geduckt. Er kann lange Beine haben oder aber kurze.

2. Welche Farbe hat der Vogel?
Es ist auf die Färbung zu achten, aber auch auf die Verteilung der Farben im Gefieder. Das Gefieder eines Vogels kann einfarbig sein, aber auch ein Muster verschiedener Farben aufweisen. Bei Rückenlicht wird die Färbung wesentlich deutlicher als bei Gegenlicht.

3. Fällt in der Zeichnung des Gefieders irgend etwas besonders auf? Sind Kopf, Rücken, Brust, Flügel, Bürzel oder Schwanz auffällig gemustert?
Die Oberseite eines Vogels kann beispielsweise einfarbig sein, die Brust dagegen gefleckt oder gestreift. Der Kopf kann einfarbig sein, aber auch einen oder gar mehrere Streifen aufweisen. Die Flügel können einheitlich gefärbt sein, aber auch Streifen oder Felder zeigen. Der Bürzel kann wie die übrige Oberseite des Vogels gefärbt sein, sich farblich aber auch deutlich abheben.

Das Rotkehlchen läßt sich gut an der orangefarbenen Brust erkennen.

4. Welche Form hat der Schnabel?
Der Schnabel kann kurz oder lang sein. Er kann entweder gerade sein oder auch nach unten gebogen. Er kann fein und pinzettenartig oder kurz und derb sein oder auch eine Hakenspitze aufweisen (s. dazu Umschlagklappe vorne).

Der Kernbeißer hat einen sehr markanten Schnabel.

5. Welche Form hat der Schwanz?
Ist der Schwanz lang oder kurz, ist er abgestutzt, gerundet, eingekerbt, keilförmig oder aber tief gegabelt?

6. Welche Form haben die Flügel? Wie fliegt der Vogel? Wie ist der Flügelschlag?
Die Flügel können langgestreckt und brettförmig, aber auch kurz und rundlich sein oder spitz zulaufen. Es gibt Vögel, die mehr oder weniger geradeaus fliegen, und andere, die eher wellenförmig fliegen. Kleine Vögel schlagen meist sehr schnell mit den Flügeln, größere Arten eher bedächtig rudernd. Bei manchen Arten wechseln Schlag- und Gleitphasen einander ab. Große Vögel kreisen oft im Segelflug am Himmel.

7. Wie bzw. wo ruft oder singt der Vogel?
Zur Unterscheidung nah verwandter Arten ist die Heranziehung akustischer Kennzeichen oft unumgänglich. Der Ruf kann weich oder hart sein, der Gesang ein gleichmäßig hohes Schnurren oder eine flötende Kadenz. Ein Vogel kann im Gebüsch singen, aber auch von einer exponierten Singwarte aus.

8. Wann und wo wurde der Vogel beobachtet?
Hier sind sowohl Tages- als auch Jahreszeit gemeint, bei seltenen Arten darüber hinaus auch Datum und Uhrzeit. Mit „wo" ist der Lebensraum gemeint (Gebüsch, Nadelwald, Weiher o. ä.), bei seltenen Arten eine genaue Ortsangabe.

- ▶ **Kennart**
- ▶ 14,5 cm lang
- ▶ Jahresvogel

- ▶ **Merkmale**
  Oberseite braun mit dunklen Längsstreifen; weiße Flügelbinde; Unterseite grau-weißlich – Männchen mit grauer Kopfplatte und schwarzem Kehlfleck – Weibchen ohne die für das Männchen typische Kopfzeichnung

- ▶ **Vorkommen**
  Dörfer und Städte (Kulturfolger), Nahrungssuche auch auf Feldern

- ▶ **Verbreitung**
  Europa, weite Teile Asiens und Teile Nordafrikas, in anderen Erdteilen eingebürgert

Haussperling, Hausspatz
Passer domesticus

Der Spatz – so der oft benutzte deutsche Name – ist der wohl bekannteste mitteleuropäische Vogel. Er ist aber nicht nur dort überall häufig, sondern heute fast weltweit verbreitet.

Weibchen

Oft wird man auf die geselligen Vögel durch ihr typisches Tschilpen aufmerksam. Spatzen brüten in Mauerlöchern, unter Dachbalken, Dachpfannen und in Nistkästen, ziehen aber auch als Untermieter in Storchenhorste ein. Das Nest ist ein umfangreicher, unordentlicher Bau aus Halmen, Federn, Moos und sogar Papierfetzen. Die Vögel brüten zwei- bis dreimal im Jahr – eine der Erklärungen dafür, warum der Vogel so häufig ist.

16

Feldsperling, Feldspatz
Passer montanus

Der Feldsperling ist etwas kleiner als der Haussperling; Männchen und Weibchen sehen bei dieser Art gleich aus. Wie der Haussperling tritt der Feldsperling meist gesellig auf. Er ist aber weniger in Städten und Dörfern anzutreffen als vielmehr in der offenen Kulturlandschaft (Name!). Feldsperlinge bauen ein überdachtes Nest, vor allem in Baumhöhlen, aber auch in Löchern in Erd- und Felswänden; daneben beziehen sie Nistkästen. Ab Ende April werden zwei Bruten im Jahr aufgezogen.

Nest

▶ ~ Sperling
▶ 14 cm lang
▶ Teilzieher

▶ **Merkmale**
kastanienbraune Kopfplatte, schwarze Kehle, schwarze Wangenflecken; Rücken braun mit dunkler Längsstreifung; zwei helle Flügelbinden – Geschlechter gleich gefärbt

▶ **Vorkommen**
offene Landschaft mit Hecken und Feldgehölzen, Waldränder; im Winter auch Dörfer und Städte

▶ **Verbreitung**
fast ganz Europa und weite Teile Asiens

- ~ Sperling
- 15 cm lang
- Teilzieher

Merkmale
Männchen mit oberseits kastanienbraunem, unterseits braunrosa Gefieder; blaugraue Kopf- und Nackenpartie; grünlicher Bürzel; zwei breite weiße Flügelbinden; weiße Schwanzkanten – Weibchen im ganzen grünlich, zwei weiße Flügelbinden

Vorkommen
Gärten und Parks, Feldgehölze und Wälder

Verbreitung
fast ganz Europa, Teile des westlichen Asiens und Nordafrikas

Buchfink
Fringilla coelebs

Oft wird man auf den Buchfink zuerst durch seine kräftigen „pink"-Rufe („pink" = Fink) oder seinen lauten Gesang aufmerksam. Der „Schlag" setzt sich aus mehreren kräftigen Schmettertönen zusammen, die abfallen und in einem „Würzgebier"-Schnörkel enden. Die etwa „zi zi zi zi zi zi teroitit" klingenden Strophen werden in geringem Abstand wiederholt.
Das kunstvolle Napfnest des Buchfinken steht nicht sehr hoch in Bäumen, ist aber gut getarnt und schwer zu entdecken. Außerhalb der Brutzeit sieht man Buchfinken in Schwärmen, auch zusammen mit Bergfinken (s. Seite 204/205) und Ammern, am häufigsten Goldammern.

Weibchen

Grünling, Grünfink
Carduelis chloris

Außer an dem kegelförmigen Körnerfresserschnabel und der olivgrünen Färbung
erkennt man den
Grünling am besten an
seiner Stimme. Beim
Abflug ruft der Vogel
klingelnd „gigigig";
sonst hört man auch
ein langgezogenes,
rauhes „ihtsch". Der Gesang setzt sich aus klingelnden und schnarrenden Trillern, Pfeiftönen und
Rufen zusammen. Darin eingestreut werden auch
typische gedehnte „dscheeh"-Laute. Die Vögel sind
Teilzieher, d. h., viele Grünlinge überwintern bei uns
und tauchen im Winter auch regelmäßig an den Futterstellen in den Gärten auf. Sie nisten halbhoch im
dichten Gebüsch.

fliegender Grünling

▶ ~ Sperling
▶ 14,5 cm lang
▶ Teilzieher

▶ **Merkmale**
Männchen olivgrün gefärbt mit gelbem Flügelfeld, gelbgrünem Bürzel
und gelben Seiten im vorderen Teil des Schwanzes –
Weibchen insgesamt
matter gefärbt

▶ **Vorkommen**
Gärten, Friedhöfe, Parks,
Obstbaumbestände,
Feldgehölze, auch lichte
Wälder

▶ **Verbreitung**
fast ganz Europa,
westliches Asien, nordwestliches Afrika

19

- ~ Sperling
- 14,5–16 cm lang
- Teilzieher

Merkmale
Männchen mit schwarzer Kopfplatte, blaugrauem Rücken, schwarzen Flügeln mit breiter, weißer Binde, weißem Bürzel und schwarzem Schwanz; Unterseite leuchtend rot – Weibchen mit braungrauer Oberseite und rötlichgrauer Unterseite, sonst wie Männchen

Vorkommen
Gärten, Friedhöfe und Parks, Obstbaumbestände, Nadel- und Mischwald

Verbreitung
weite Teile Europas, mittleres Asien

Gimpel, Dompfaff
Pyrrhula pyrrhula

Der Gimpel ist auf Grund seiner Färbung mit keinem anderen mitteleuropäischen Vogel zu verwechseln. Eine Eselsbrücke bietet der zweite Name: Denkt man

Weibchen

an „Dompfaff", verbindet man damit die „kardinalsrote" Brust und die schwarze Kopfplatte. Typisch sind auch die schwermütig klingenden „düh, düh"-Pfiffe. Beim Abflug hört man ein gereihtes „düt, düt, düt". Gimpel treten das ganze Jahr über fast stets paarweise auf. Im Winter lassen sie sich auch am Futterhaus beobachten, allerdings längst nicht mehr so häufig wie noch vor wenigen Jahrzehnten. Ihre Nester bauen die Vögel gut versteckt in dichtem Gebüsch.

Kernbeißer
Coccothraustes coccothraustes

Wenn ein Vogel Kernbeißer heißt, dann ist er schon allein an seinem mächtigen Körnerfresserschnabel zu erkennen. Tatsächlich frißt dieser größte einheimische Fink neben Knospen und Trieben auch Samen, darunter sogar die Kerne von Steinobst (daher der zweite noch benutzte Name Kirschkernbeißer!). Meist hält sich der Vogel hoch in Bäumen auf, und man wird erst durch die typischen scharfen „zicks"-Rufe auf ihn aufmerksam. Am Boden hüpft der Kernbeißer in weiten Sprüngen umher. Überwinternde Vögel erscheinen auch an Futterplätzen in größeren Gärten.

fliegender Kernbeißer

▶ > Sperling
▶ 18 cm lang
▶ Teilzieher

▶ **Merkmale**
Männchen mit mächtigem Schnabel, braunem Rücken und hell rötlicher Unterseite; breites graues Nackenband, schwarzer Kehlfleck; weiße Flügelbinde – Weibchen insgesamt weniger kräftig gefärbt

▶ **Vorkommen**
hauptsächlich in Mischwäldern, aber auch in Feldgehölzen, Obstgärten und größeren Parks

▶ **Verbreitung**
weite Teile Europas, mittleres Asien, Teile Nordwestafrikas

21

► < Sperling

► 12 cm lang

► Teilzieher

► **Merkmale**
Rücken braun; Brust und
Bauch heller; rote Gesichts-
maske, weiß und schwarz
umrahmt; schwarze Flügel
mit gelbem Längsstreifen –
Geschlechter gleich gefärbt

► **Vorkommen**
Gärten, Obstbaumbestän-
de, Parks, Waldränder; bei
der Nahrungssuche auch
Wegränder und Brachland;
außerhalb der Brutzeit in
offenem Gelände

► **Verbreitung**
Europa mit Ausnahme
weiter Gebiete Skandina-
viens, westliches Asien,
Teile Nordwestafrikas

Stieglitz, Distelfink
Carduelis carduelis

Der Stieglitz ist ein
bunter Finkenvo-
gel, dessen Name
sich von den typi-
schen „stigelitt"-
Rufen ableitet, die
man von den Vögeln vor
allem hört, wenn sie abfliegen.
Der Gesang besteht aus einer
hastigen Folge dieser Laute
sowie schmetternden Tönen, Trillern und Schnörkeln. Der zweite
Name Distelfink bezieht sich darauf, daß die Vögel die Samen von

fliegender Stieglitz

Stauden, gerne von Disteln, fressen. Bei der
Nahrungssuche hängen Stieglitze oft kopfüber an
den Samenständen. Außerhalb der Brutzeit sieht
man die Vögel meist in kleinen Trupps umher-
streifen.

Bluthänfling
Acanthis cannabina

Außer an seiner gringen
Größe läßt sich dieser
Finkenvogel daran erken-
nen, daß Scheitel und
Brust beim Männchen kar-
minrot gefärbt sind
(Name!). Von fliegenden
Bluthänflingen hört man
Rufe, die wie „geckeckeck"
klingen. Ein anderer Vogel
mit roter Brust ist übrigens
der Birkenzeisig (s. Seite
205), der in den Alpen brütet, aber sonst mehr nördlich verbreitet ist. Weiter
östlich dagegen findet man
den Karmingimpel (*Carpodacus erythrinus*), bei dem
das Männchen an Kopf, Brust und Bürzel rot gefärbt
ist (s. Grafik).

Karmingimpel

▶ < Sperling

▶ 13,5 cm lang

▶ Teilzieher

▶ **Merkmale**
Männchen zur Brutzeit mit
braunem Rücken und
weißlich-bräunlicher
Unterseite; grauer Kopf,
Scheitel und Brust karmin-
rot – Weibchen ohne Rot;
Ober- und Unterseite
bräunlich mit deutlichen
Längsstreifen

▶ **Vorkommen**
offene Landschaft, Hek-
ken, Waldränder, Parks
und Friedhöfe

▶ **Verbreitung**
Europa mit Ausnahme
weiter Gebiete Skandina-
viens, westliches Asien,
Teile Nordafrikas

- ► < Sperling
- ► 11,5 cm lang
- ► **Sommervogel**
  (März bis Oktober)

- ► **Merkmale**
  beim Männchen Kopf
  kräftig gelb; Rücken gelbgrün und Bauch gelb, aber
  jeweils dunkel gestreift;
  gelber Bürzel – Weibchen
  insgesamt matter, mehr
  graugrün; Unterseite deutlicher gestreift

- ► **Vorkommen**
  Gärten und Parks, Fried-
  höfe, Streuobstwiesen,
  Weinberge, auch lichte
  Wälder

- ► **Verbreitung**
  Mittel- und Südeuropa,
  Kleinasien, Teile Nord-
  westafrikas

Girlitz
Serinus serinus

Der Girlitz ist
am besten an
seiner Stimme
zu erkennen.
Man hört von
ihm klirrende,
wie „girlitt" klin-
gende Rufe (Na-
me!). Der Gesang
besteht aus einer

Zitronengirlitz

langanhaltenden, klirrenden und perlenden Folge
von etwa gleich hohen Tönen (wie Geräusche, die
entstehen, wenn man einen Glaskorken im Hals
einer Glasflasche dreht). Wer den ähnlichen Zitronengirlitz oder Zitronenzeisig (*Serinus citrinella*,
s. Grafik) beobachten will, muß sich in voneinander
isoliert liegenden Gebieten in Mittel- und Südeuropa
(Schwarzwald, Vogesen, Alpen, französischer Jura,
Pyrenäen, Sardinien, Korsika) umsehen.

Erlenzeisig
Carduelis spinus

Der Erlenzeisig ist ein Vogel der Nadel- und Mischwälder. Im Winter erfolgt aber ein Zuzug aus dem Norden, und dann sieht man die Zeisige truppweise oder in Schwärmen auch in Gärten und Parks, Birken- und Erlenbeständen und Feldgehölzen. Bei der Nahrungssuche turnen die Vögel geschickt selbst an dünnen Zweigen herum. Dabei hört man sie fast ständig zwitschern. Der Gesang ist ein lange anhaltendes, eiliges Zwitschern, das mit einem gedehnten, gequetschten Ton endet; er wird von einer Singwarte aus oder im Singflug vorgetragen. Erlenzeisige bauen ihre Nester meist hoch in Nadelbäumen und ziehen zwei Bruten im Jahr auf.

Weibchen

▶ < Sperling
▶ 12 cm lang
▶ Teilzieher

▶ **Merkmale**
Männchen grün und gelb im Gefieder mit schwarzer Kopfplatte, kleinem schwarzen Kehlfleck und gelber Flügelbinde – Weibchen insgesamt grünlicher und stärker gestreift; ohne schwarze Kopfplatte

▶ **Vorkommen**
Nadel- und Mischwälder; im Winter auch in Baumgruppen außerhalb von Wäldern

▶ **Verbreitung**
Mittel- und Nordeuropa bis nach Asien hinein, Ostasien

- > Sperling
- 16,5 cm lang
- Jahresvogel

- **Merkmale**
Männchen ziegelrot
gefärbt mit dunklen
Flügeln und dunklem
Schwanz – Gefieder des
Weibchens olivgrün –
seitlich zusammen-
gedrückter Schnabel mit
sich überkreuzenden
Spitzen

- **Vorkommen**
Nadelwälder, besonders
Fichtenwälder

- **Verbreitung**
weite Teile der Iberischen
Halbinsel, Alpen, Schott-
land, weite Teile Skandinaviens, mittleres Asien

Fichtenkreuzschnabel
Loxia curvirostra

Kreuzschnäbel fressen
vor allem die Samen von
Nadelbäumen, und um
diese aus den Zapfen
herauszuholen, ist ein
Schnabel mit sich über-
kreuzenden Spitzen (Na-
me!) besonders geeignet.
Weiter erkennt man die

Kopf (Weibchen)

Vögel an dem wellenförmigen
Flug und den bezeichnenden „klipp, klipp"-Rufen.
Die Brutzeit der Kreuzschnäbel richtet sich nach
dem Nahrungsangebot, so daß man das ganze Jahr
über Gelege finden kann – eine Ausnahme in der
europäischen Vogelwelt. Die meisten Bruten werden
zwischen Dezember und Mai aufgezogen. In günsti-
gen Jahren finden zwei Bruten statt. Die stabilen
Nester stehen hoch in Bäumen und enthalten zwei
bis vier Eier.

Schneefink
Montifringilla nivalis

Der Schneefink ist ein typischer Vogel der europäischen und asiatischen Hochgebirge. Oberhalb der Baumgrenze kann er in den Alpen immer wieder beobachtet werden, oft in der Nähe von Gebäuden, wo er auch bisweilen in Mauerlöchern oder unter Balken sein Nest baut. Daneben nistet der Vogel in Felsspalten oder unter Felsblöcken. Das Nest ist ein umfangreicher Bau aus Wurzeln, Pflanzenteilen, Moos und Flechten. Innen ist es mit feinerem Pflanzenmaterial, Haaren und Federn warm ausgepolstert, um Eier und Junge in dem extremen Lebensraum vor der zeitweise empfindlichen Kälte zu schützen.

fliegender Schneefink

▶ > Sperling
▶ 18 cm lang
▶ Jahresvogel

▶ **Merkmale**
Oberseite bräunlich, Unterseite weißlich; Kopf grau, Kehle schwarz; weiße Flügelfelder und Schwanzkanten – Geschlechter gleich gefärbt

▶ **Vorkommen**
nackte Berggipfel über 1.800 m Höhe; auch um Almhütten, Berggasthöfe und ähnliche hoch gelegene Gebäude herum

▶ **Verbreitung**
Alpen, Pyrenäen, Apennin und Kaukasus, Hochgebirge auf dem Balkan und in Vorder- und Zentralasien

27

Goldammer
Emberiza citrinella

- > Sperling
- 16,5 cm lang
- Teilzieher

Merkmale
beim Männchen Kopf und Unterseite gelb; Rücken braun; Bürzel hell rotbraun; weiße Schwanzkanten – Weibchen insgesamt weniger gelb im Gefieder; Brust gestreift

Vorkommen
offene Landschaft; Hekken, aber auch Waldränder und Schonungen; im Winter auf der Nahrungssuche auch um Bauernhöfe und Feldscheunen herum

Verbreitung
fast ganz Europa, mittleres Asien

Ammern sind im Körperbau den Sperlingen und Finken ähnlich; auch sie haben einen kräftigen Körnerfresserschnabel. Wie ihr Name besagt, herrscht im Gefieder der Goldammer Goldgelb vor. Den Gesang kann man sich leicht einprägen: Die „zizizizi-zihe" klingende Strophe läßt sich mit „wie, wie, wie hab ich dich lieb" übersetzen. Eine weitere Ammer mit viel Gelb im Gefieder ist die Zaunammer (*Emberiza cirlus*). Das Erkennungsmerkmal des Männchens stellt die auffällige Kopfzeichnung (s. Grafik) dar. Das Weibchen ähnelt dagegen einem matt gefärbten Goldammerweibchen. Beide Ammern nisten in bodennahem Gebüsch und ziehen zwei Bruten im Jahr auf.

Zaunammer-Männchen

Ortolan
Emberiza hortulana

Zippammer-Männchen

Der Orto-
lan ist
weit ver-
breitet,
aber nir-
gends häu-
fig. Am ehe-
sten wird
man auf die
Art aufmerksam, wenn das Männchen singt. Dabei
sitzt es entweder auf einer hohen Singwarte, oder es
startet von einer Warte zu einem kreisförmigen Singflug. In der Färbung von Ober- und Unterseite dem
Ortolan ähnlich ist die Zippammer (*Emberiza cia*).
Bei dieser Art haben die Männchen aber einen
grauen Kopf mit schwarzen Streifen (s. Grafik). Auch
ist sie eher in trockenem Gelände anzutreffen (südliches Europa, Kleinasien und Nordwestafrika).

▶ **> Sperling**
▶ **16,5 cm lang**
▶ **Sommervogel
(April bis Oktober)**

▶ **Merkmale**
Männchen mit graugrü-
nem Kopf mit gelber Keh-
le, gelbem Bartstreifen und
gelbem Augenring; Ober-
seite bräunlich mit Flek-
kenstreifen, Unterseite
rötlichbraun – Weibchen
insgesamt matter gefärbt

▶ **Vorkommen**
trockenes Gelände mit
Hecken und Gehölzen,
Weinberge und Waldränder

▶ **Verbreitung**
fast ganz Europa (Ausnah-
me: Britische Inseln und
nördliches Skandinavien)

▶ **Merkmale**
Oberseite unscheinbar graubraun gefärbt und schwarzbraun längsgefleckt; Unterseite heller; auf der Brust und an den Flanken ebenfalls mit deutlicher Fleckung – Geschlechter gleich gefärbt

▶ **Vorkommen**
Ackerbaugebiete und offenes Wiesengelände des Flach- und Hügellandes

▶ **Verbreitung**
ganz Europa mit Ausnahme von Island und Skandinavien, Teile Südwestasiens und Nordwestafrikas

Grauammer
Emberiza calandra

Die Grauammer ist von äußerlich ähnlichen Arten wie Feldlerche und Wiesenpieper anhand der Größe leicht zu unterscheiden. Vor allem fällt aber gegenüber diesen beiden Vögeln der kräftige Körnerfresserschnabel auf. Ein gutes Kennzeichen ist auch der

Schneeammer im Ruhekleid

Gesang, durch den man am ehesten auf den Vogel aufmerksam wird. Er klingt wie „zickzickzickzick schnirrrps". Im Winter ist in Mitteleuropa auch die dann sehr helle Schneeammer (*Plectrophenax nivalis*, s. Grafik) zu beobachten. Diese Art brütet im hohen Norden der gesamten Nordhalbkugel (s. Seite 206/207).

Rohrammer
Emberiza schoeniclus

Sieht man ein Rohrammer-
weibchen, kommt einem
spontan ein Sperling in
den Sinn (s. Grafik). Hat
man aber das Männchen vor
sich, wird die Bestimmung
einfach; die schwarze Kopfkappe ist ein eindeutiges
Merkmal. Zudem erregt die
Rohrammer durch ihre

Weibchen

gedehnten „zieh"-Rufe Aufmerksamkeit. Der Gesang
ist kurz, beginnt langsam, wird dann beschleunigt
und klingt teilweise sperlingsartig schilpend und
abgehackt. Beim Singen sitzt das Männchen ge-
wöhnlich auf einer exponierten Singwarte. Rohram-
mern nisten niedrig im Gebüsch und ziehen zwei
Bruten im Jahr auf. Die Vögel streifen im Winter
umher, und dann sieht man sie auch vergesellschaftet mit anderen Vogelarten.

▸ ~ Sperling
▸ 15 cm lang
▸ Teilzieher

▸ **Merkmale**
bei beiden Geschlechtern
Oberseite dunkelbraun mit
schwarzen Fleckenstreifen,
Unterseite weißlich-grau –
Männchen mit schwarzer
Kopfkappe, weißem Bart-
streifen und schwarzer
Kehle – Weibchen un-
scheinbarer

▸ **Vorkommen**
Schilfröhrichte, feuchte
Dickichte; im Winter weit
umherstreifend, dann
auch auf Wiesen und
Feldern

▸ **Verbreitung**
Europa, mittleres und
nördliches Asien

- < Sperling
- 14 cm lang
- Jahresvogel

- **Merkmale**
  Oberseite olivgrün, Unterseite gelb mit schwarzem Längsstreifen (beim Weibchen schmaler und kürzer als beim Männchen); Kopfplatte und Hals glänzend blauschwarz, Wangen weiß; weiße Flügelbinde; weiße Schwanzkanten – Jungvögel blasser

- **Vorkommen**
  Gärten und Parks, Hecken, Feldgehölze, Laub- und Mischwälder

- **Verbreitung**
  fast ganz Europa, mittleres und südliches Asien, Teile Nordwestafrikas

Kohlmeise
Parus major

Diese größte einheimische Meise ist ein sehr bekannter Vogel, zumal sie im Winter häufig am Futterhaus zu sehen ist. Da ihre Rufe teilweise wie das „pink, pink" des Buchfinks klingen, wurde die Kohlmeise im Volksmund auch Finkmeise genannt. Eine typische Lautäußerung stellt auch ein „zizidäh" oder kürzer „zidäh" dar. Der Gesang setzt sich aus den „zizidäh"-Rufen zusammen und ist oft schon im ausgehenden Winter zu hören. Kohlmeisen sind Höhlenbrüter; bezogen werden Baumhöhlen und Nistkästen, aber auch Hohlräume in Mauern und sogar Briefkästen.

Der schwarze Bruststreifen ist beim Männchen breiter als beim Weibchen.

Tannenmeise
Parus ater

Die Tannenmeise ist etwas kleiner als die Kohlmeise und auf den ersten Blick mit jener zu

Tannenmeise

Kohlmeise

verwechseln. Sie hat aber kein Gelb im Gefieder und wirkt mehr rauchig. Markant sind der weiße Nackenfleck und der schwarze Brustlatz (kein Längsstreifen auf der Unterseite!). Zudem unterscheiden sich die Stimmen. Von der Tannenmeise hört man ein hohes und feines „tsi", das auch wiederholt werden kann: „tsi-tsi-tsi". Der Gesang ist ein schnelles, leicht wetzendes „wize-wize-wize". Man kann ihn das ganze Jahr über hören, vor allem in Nadelbaumbeständen. Daher rührt auch der Name des Vogels. Tannenmeisen ziehen zwei Bruten im Jahr auf.

▶ < Sperling
▶ 11,5 cm lang
▶ Jahresvogel

▶ **Merkmale**
Oberseite olivgrau, Unterseite weißlich; Kopfplatte schwarz, weiße, schwarz eingefaßte Kopfseiten, weißer, schwarz begrenzter Nackenfleck, schwarzer Kehllatz – Geschlechter gleich gefärbt

▶ **Vorkommen**
hauptsächlich Nadelwälder, auch große Gärten und Parks mit Nadelbaumbeständen

▶ **Verbreitung**
fast ganz Europa, mittleres Asien, Teile Nordwestafrikas

- < Sperling
- 11,5 cm lang
- Jahresvogel

- **Merkmale**
  Rücken olivgrün; Unterseite gelb; Kopfplatte, Flügel und Schwanz blau; weiße Kopfseiten, weiße Stirn, schwarzer Augenstreif, blauschwarzes Kinn in schwarzes Band um die hellen Kopfseiten übergehend – Geschlechter gleich gefärbt

- **Vorkommen**
  Gärten und Parks, Feldgehölze, Laub- und Mischwälder

- **Verbreitung**
  fast ganz Europa, Kleinasien, Teile Nordwestafrikas

Blaumeise
Parus caeruleus

Die Blaumeise ist ein lebhafter kleiner Vogel, der geschickt in Bäumen und Büschen herumturnt und dabei oft kopfüber an den Zweigen hängt. Ihre Rufe klingen wie „tsi-tsi-tsi-tsit", bei Erregung auch ansteigend „zerretetet". Der Gesang beginnt meist mit „zi-zi", dem eine helle, trillernde Passage folgt, klingt also wie „zi-zi-zirrr". Blaumeisen brüten in Baumhöhlen oder in Nistkästen, aber auch in Mauerspalten, Briefkästen u. ä. Volle Gelege umfassen meist neun bis elf weißliche, fein rostrot gefleckte Eier. Die Vögel streifen im Winter weit umher, und man sieht sie dann auch häufig am Futterhaus.

Jungvogel

Haubenmeise
Parus cristatus

Die Haubenmeise kann man in Nadelwäldern überall antreffen. Sie turnt meist hoch in den Bäumen herum und ist daher nicht immer leicht zu sehen. Ihr „zizi-gürrr" oder ihr schnurrendes „gürrr" sind aber sehr markant. Der lebhafte Gesang besteht aus einer Folge dieser Rufe. Wenn die Haubenmeise nicht ruft oder singt, ist sie an der schwarz-weißen Gesichtszeichnung und vor allem an der kleinen Federhaube auf dem Kopf (Name!) leicht zu erkennen. Haubenmeisen tauchen im Winter auch in Gärten und sogar am Futterhaus auf, jedoch seltener als andere Meisenarten.

Nest mit Gelege

▶ < Sperling
▶ 11,5 cm lang
▶ Jahresvogel

▶ **Merkmale**
Oberseite graubraun, Unterseite weißlich bis rahmfarben; auffällige, schwarz-weiß gesprenkelte Haube und helle, schwarz eingefaßte Kopfseiten mit schwarzen Streifen, schwarzer Kehlfleck – Geschlechter gleich gefärbt

▶ **Vorkommen**
überwiegend Nadelwälder, Nadelbaumbestände in Mischwäldern und Parks

▶ **Verbreitung**
fast ganz Europa

35

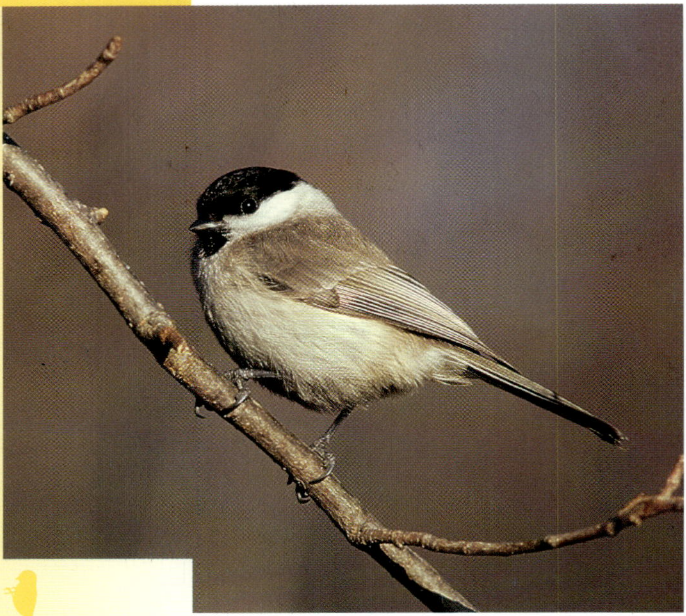

Sumpfmeise
Parus palustris

Graubraunes Gefieder, glänzend schwarze Kopfplatte – so knapp ist die Sumpfmeise zu charakterisieren. Ihre Rufe klingen wie „pistjä"; der Gesang besteht aus einem einförmig klappernd vorgetragenen „zje-zje-zje" oder „ziwuid-ziwuid". In feuchtem, mit Büschen und Bäumen bestandenem Gelände lebt aber eine sehr ähnliche Art, die Weidenmeise (*Parus montanus*). Im Gegensatz zur Sumpfmeise ist die Kopfplatte der Weidenmeise mattschwarz, auch hat diese Art ein helles Feld im Flügel (s. Grafik). Ihre Rufe sind zudem gedehnter und nasaler als die der Sumpfmeise: „däh", auch „zi-zi-däh-däh".

Weidenmeise

Schwanzmeise
Aegithalos caudatus

Die Schwanzmeise hat auf
Grund des rundlichen Kör-
pers und des unverhält-
nismäßig (8 cm) langen
Schwanzes eine unver-
kennbare Gestalt (volks-
tümlicher Name: Pfan-
nenstielchen!). Der Vogel
baut aus feinen Pflanzen-
teilen, pflanzlicher und
tierischer Wolle, Insekten-
gespinsten und Federn ein
kunstvolles eiförmiges Nest
(s. Grafik), meist niedrig im

mitteleuropäische
Schwanzmeise am Nest

Gebüsch, aber auch in Bäumen. Im Winter streifen
Schwanzmeisen in Trupps umher. Oft wird man auf
die geschickt in den Zweigen herumturnenden Vögel
durch die feinen „si-si-si"- oder schnurrenden
„tserrp"-Rufe aufmerksam.

▸ < Sperling
▸ 14 cm lang
▸ Teilzieher

▸ **Merkmale**
Oberseite schwarz und
rötlich mit etwas Weiß,
Unterseite weißlich mit
rötlichem Anflug; Kopf
einheitlich weiß oder weiß
mit breitem, dunklem
Streifen über dem Auge –
Geschlechter gleich ge-
färbt

▸ **Vorkommen**
gehölzreiche Gärten und
Parks, Weidendickichte in
Feuchtgebieten, Laub- und
Mischwälder mit reichli-
chem Unterwuchs

▸ **Verbreitung**
fast ganz Europa, mittleres
Asien

- ~ Sperling
- 14 cm lang
- Jahresvogel

Merkmale
gedrungen gebaut; kurzer Schwanz; Oberseite grau-blau, Unterseite rostgelb; deutlicher schwarzer Augenstreif, weißliche Kehle – Geschlechter gleich gefärbt

Vorkommen
Gärten und Parks, Laub- und Mischwälder

Verbreitung
fast ganz Europa, mittleres und südöstliches Asien

Kleiber
Sitta europaea

Der Kleiber läuft geschickt an Baumstämmen empor, als einziger mitteleuropäischer Vogel kann er aber auch stammabwärts laufen. Bei der Nahrungssuche hämmert er mit seinem kräftigen Schnabel in der Rinde (daher der volkstümliche Name Spechtmeise!). Zudem ist seine Stimme unverkennbar: laute „twiht, twiht"- und trillernde „tsirr"-Rufe und ein lautes pfeifendes „tüh". Der Kleiber brütet in Baumhöhlen (Spechthöhlen). Zu große Eingangslöcher verkleinert er mit feuchtem Lehm (daher der Name: Kleiber = Kleber!).

Nisthöhle mit verkleinertem Eingangsloch

Gartenbaumläufer
Certhia brachydactyla

Baumläufer suchen an Baumstämmen Nahrung. Beim Klettern stützen sie sich mit dem steifen Schwanz ab. Die beiden europäischen Arten – Gartenbaumläufer und Waldbaumläufer (*Certhia familiaris*) – sehen zum Verwechseln ähnlich aus. Bestes Unterscheidungsmerkmal sind die vertikale Verbreitung und die Stimme. Der Gesang des Gartenbaumläufers ist kürzer und kräftiger als der des Waldbaumläufers, ein rhythmisches „tütteroit-titt". In den Alpen, den Pyrenäen, auf dem Balkan und in Gebirgen Asiens ist der verwandte Mauerläufer (*Tichodroma muraria*) zu beobachten, ein „fliegender Schmetterling" (s. Grafik).

Mauerläufer

- < Sperling
- 12,5 cm lang
- Jahresvogel

- **Merkmale**
  Oberseite braun, mit rahmfarbenen Streifen und Flecken; Bauch hell, Flanken bräunlich; Schnabel lang und dünn, gebogen – Geschlechter gleich gefärbt

- **Vorkommen**
  Gärten und Parks, Obstbaumbestände, Laubwälder; im Gebirge bis etwa 1.000 m Höhe, darüber nur Waldbaumläufer

- **Verbreitung**
  mittleres und südliches Europa, Kleinasien, Teile Nordwestafrikas

39

- ~ Sperling
- 14,5 cm lang
- Teilzieher

- **Merkmale**
  Oberseite dunkelbraun mit
  schwarzen Fleckenstreifen
  in Längsrichtung; Kopf
  und Brust schiefergrau;
  Flanken mit Fleckenstreifen; dünner Schnabel –
  Geschlechter gleich
  gefärbt

- **Vorkommen**
  Gärten, Friedhöfe, Hecken,
  Parks und junge Baum-
  bestände in Wäldern

- **Verbreitung**
  fast ganz Europa, Vorderasien

Heckenbraunelle
Prunella modularis

Ein Merkmal
der unschein-
baren Hecken-
braunelle stellt
die schiefer-
graue Kehle dar
(volkstümlicher
Name: Bleikehl-
chen!). Der Ge-
sang ist eine
leise, auf- und

Alpenbraunelle

absteigende, fließende Tonreihe und oft schon im
ausgehenden Winter zu hören. Man trifft die Vögel
stets einzeln an. In den Hochlagen der Alpen und
anderer europäischer und asiatischer Gebirge kann
man die nah verwandte Alpenbraunelle (*Prunella
collaris*) beobachten. Charakteristisch sind die fein
schwarz gefleckte, weißliche Kehle und die rostbrau-
nen Fleckenstreifen an den Flanken (s. Grafik).

Nachtigall
Luscinia megarhynchos

So unscheinbar die Nachtigall gefärbt ist, so auffällig ist ihr Gesang. Er beginnt mit einer ansteigenden Folge von „dü, dü, dü"-Tönen, wird dann lauter und schneller und endet in einem schluchzenden Schmettern. Die Nachtigall singt übrigens nicht nur bei Nacht! Man sieht sie selten, denn sie singt meist aus der Deckung eines Gebüsches heraus. Nach Osten hin wird die Art durch den Sprosser (*Luscinia luscinia*) ersetzt. Dieser Vogel ist mehr olivbraun gefärbt und hat eine bräunlich gewölbte Brust (s. Grafik). Der Gesang unterscheidet sich ebenfalls.

singender Sprosser

▶ **> Sperling**

▶ **16,5 cm lang**

▶ **Sommervogel (April bis September)**

▶ **Merkmale**
Oberseite einfarbig braun, Unterseite heller, graubraun; Schwanz rotbraun, oft gestelzt – Geschlechter gleich gefärbt

▶ **Vorkommen**
größere, verwilderte Gärten, Parks und Friedhöfe mit feuchten Dickichten, Laub- und Mischwälder mit reichem Unterwuchs an Gehölzen

▶ **Verbreitung**
mittleres und südliches Europa, Vorderasien, Teile Nordwestafrikas

41

- ~ Sperling
- 14,5 cm lang
- Sommervogel
  (März bis Oktober)

- **Merkmale**
  Männchen mit grau-
  schwarzer Oberseite und
  schwärzlicher Kehle und
  Brust; Stirn hellgrau -
  Weibchen düster grau-
  braun - beide Geschlechter mit rostrotem Bürzel
  und rostrotem Schwanz

- **Vorkommen**
  ursprünglich reiner Fels-
  brüter, heute auch in Dörfern und Städten; im Gebirge bis oberhalb der
  Baumgrenze

- **Verbreitung**
  mittleres und südliches
  Europa, mittleres Asien

Hausrotschwanz
Phoenicurus ochruros

Rotschwänze erkennt man an dem häufig zitternden,
rostroten Schwanz (Name!). Daneben fallen die aufrechte Haltung und das Knicksen auf. Der Hausrotschwanz zeichnet sich durch die in beiden Geschlechtern insgesamt düstere Färbung aus. Typisch ist auch
der recht einfache Gesang aus einer Strophe mit vier
bis fünf gleich hohen Tönen, an die sich eine Folge
gepreßter, kratzender Zischlauten anschließt (klingen wie Kurzschlüsse
bei elektrischem Strom). Das
Männchen sitzt beim Singen
auf einem Hausgiebel oder
einer Antenne, von wo
der Gesang oft schon
in der ersten Mor-
gendämmerung
zu hören ist.

Weibchen

Gartenrotschwanz
Phoenicurus phoenicurus

Mit dem nah verwandten Hausrotschwanz hat der Gartenrotschwanz die aufrechte Haltung, das Knicksen und die häufigen zitternden Bewegungen des Schwanzes gemeinsam. In der Färbung und vor allem in der Stimme unterscheiden sich beide Arten aber sehr. Der Gesang des Gartenrotschwanzes ist insgesamt wohltönend und endet mit einem schwachen Triller. Wer etwas für den im Bestand stark zurückgegangenen Insektenfresser tun möchte, sollte im Garten Nistkästen und Halbhöhlen aufhängen. Diese Nisthilfen werden von den Rotschwänzen sehr gerne angenommen.

Weibchen

▶ ~ Sperling
▶ 14 cm lang
▶ Sommervogel
  (April bis Oktober)

▶ **Merkmale**
  Männchen mit graublauer Ober- und rostorangefarbener Unterseite; weiße Stirn, schwarze Kopfseiten, schwarze Kehle; Bürzel und Schwanz rostrot - Weibchen unscheinbar, aber ebenfalls mit rostrotem Bürzel und Schwanz

▶ **Vorkommen**
  Gärten in Dörfern und Städten, Parks, Obstbaumbestände, lichte Wälder (Waldränder)

▶ **Verbreitung**
  fast ganz Europa, mittleres Asien

43

- ► ~ Sperling
- ► 14 cm lang
- ► Teilzieher

► **Merkmale**
Oberseite olivbraun,
Unterseite graubraun;
Brust, Kopfseiten und
Stirn satt orange gefärbt,
bläulich begrenzt – Ge-
schlechter gleich gefärbt –
Jungvögel dunkel- und
gelbbraun gefleckt; Brust
bräunlich gewölkt

► **Vorkommen**
größere Gärten, Parks,
Laub-, Misch- und Nadel-
wälder mit Unterwuchs

► **Verbreitung**
fast ganz Europa, Vorder-
asien

Rotkehlchen
Erithacus rubecula

Rotkehlchen sieht man oft am
Boden. Typisch ist, daß sie häufig
mit dem Schwanz und den
Flügeln zucken. Die Rufe
– ein scharfes „zick" –
werden oft zu einem
„Schnickern" ge-
reiht. Bereits im aus-
gehenden Winter
beginnen die Vögel
zu singen. Der ab-

Jungvogel

wechslungsreiche, schwermütig wirkende Gesang
beginnt mit hohen, scharfen Tönen und endet mit
abfallenden, flötenden und perlenden Passagen.
Dabei sitzen die Männchen auf exponierten Singwar-
ten. Der Gesang ist sowohl tagsüber als auch in der
Dämmerung zu hören. Rotkehlchen nisten am Boden in dichtem Bewuchs oder zwischen Baumwur-
zeln und ziehen zwei Bruten im Jahr auf.

Blaukehlchen/Weißsterniges Blaukehlchen

Luscinia svecica cyanecula

In seinen Bewegungen ähnelt das Blaukehlchen dem Rotkehlchen, in der Färbung der Kehle unterscheiden sich beide Arten aber deutlich (Namen!). Der Gesang des Blaukehlchens enthält wohltönende und hart klingende Passagen, aber auch Imitationen anderer Vogelstimmen. Durch Verlust an geeigneten Lebensräumen ist die Art im Bestand stark zurückgegangen. An wenigen Stellen in den Alpen und in Skandinavien kommt eine zweite Unterart vor, das Rotsternige Blaukehlchen mit einem roten Fleck inmitten der blauen Kehle (s. Seite 207). Das Nest des Blaukehlchens steht gut versteckt nahe am Boden.

Weibchen

- ~ Sperling
- 14 cm lang
- Sommervogel (April bis September)

- **Merkmale**
  Männchen oberseits braun; Bürzel rostbraun; blauer Brustlatz mit weißem Fleck und schwarz-weiß-rostbraunem Band zum weißlichen Bauch hin – Weibchen in der Gesamtfärbung ähnlich, aber ohne blauen Latz

- **Vorkommen**
  Moore, Sumpfgebiete, Gebüsche an Flüssen und Seen

- **Verbreitung**
  mittleres und nördliches Europa und Asien

45

- ◀ **< Sperling**
- ▶ **12,5 cm lang**
- ▶ **Sommervogel
  (April bis September)**

- ▶ **Merkmale**
  Männchen mit gelbbrauner Kehle und Brust, hellem Überaugenstreif und hellem Streifen am Kinn; Oberseite bräunlich, kräftig dunkel gestreift – Weibchen insgesamt heller gefärbt

- ▶ **Vorkommen**
  Wiesenlandschaften mit grasreichen Rainen, Moorgebiete

- ▶ **Verbreitung**
  fast ganz Europa, Teile des mittleren Asiens

Braunkehlchen
Saxicola rubetra

Das Braunkehlchen ist einer der Vögel, bei dem sich der Verlust an geeigneten Lebensräumen besonders negativ auf die Bestände ausgewirkt hat. Hinzu kommt, daß Braunkehlchen Insektenfresser sind und der Einsatz von Schädlingsbekämpfungsmitteln ihr Nahrungsreservoir stark vermindert hat. Das Nest

Weibchen

des Vogels liegt gut versteckt im Gras. Auf Brutplätze wird man am ehesten aufmerksam, wenn die Altvögel Nistmaterial oder Futter für die Jungen herantragen. Auf ihrem Weg zum Nest landen die Vögel gerne auf einem Wiesenpfahl oder einer höheren Pflanze in der Nähe.

Schwarzkehlchen
Saxicola torquata

Nah verwandt mit dem
Braunkehlchen ist das
Schwarzkehlchen. Beide
Arten unterscheiden sich
sowohl in der Färbung als
auch im bevorzugten Le-
bensraum. Schwarzkehl-
chen kann man an Rainen,
Bahndämmen und auf
Brachland beobachten. Im
Herbst ziehen die Vögel
nach Süden, aber nur bis
in den Mittelmeerraum.

Weibchen

Das Braunkehlchen dagegen ist ein Langstreckenzie-
her und überwintert in Afrika südlich der Sahara.
Auf Grund der intensiven Landnutzung ist auch das
Schwarzkehlchen in Mitteleuropa stark zurückge-
gangen. Denn wo gibt es dort noch brachliegendes
Land?

► < Sperling
► 12,5 cm lang
► **Sommervogel
(März bis Oktober)**

► **Merkmale**
Männchen mit schwarz-
braunem Kopf, schwarz-
brauner Kehle und rost-
roter Brust; Oberseite
dunkel – Weibchen insge-
samt heller gefärbt

► **Vorkommen**
Raine, Bahndämme und
Ödlandflächen

► **Verbreitung**
mittleres und südliches
Europa, mittleres Asien,
Teile Nordafrikas, südli-
ches Afrika

47

- ► ~ Sperling
- ► 14,5–15,5 cm lang
- ► Sommervogel
  (April bis Oktober)

- ► **Merkmale**
  Männchen oberseits grau;
  Bürzel weiß; unterseits
  hell ockerfarben; Kopfsei-
  ten und Flügel schwarz –
  Weibchen insgesamt blas-
  ser und ohne die markante
  Kopfzeichnung

- ► **Vorkommen**
  trockene Raine, Heiden und
  Ödland; in den Alpen steinige Matten (bis 2.200 m),
  im Norden auch Tundra

- ► **Verbreitung**
  ganz Europa, große Teile
  Asiens, Küsten Grönlands
  und Gebiete im nördlichen
  Nordamerika

Steinschmätzer
Oenanthe oenanthe

Den Steinschmätzer erkennt man am besten an dem
weißen Bürzel und der schwarzen Endbinde am
Schwanz. Allerdings fällt diese T-Zeichnung eher bei
fliegenden als bei sitzenden Vögeln auf (s. Grafik).
Steinschmätzer brüten in Felsspalten, Steinhaufen
(auch Bauschutt) oder Löchern von Bodenanrissen.
Zur Zugzeit begegnet man
den Vögeln in ganz unter-
schiedlichen Lebensräu-
men. In den südlich
und östlich an Europa
angrenzenden Re-
gionen leben noch
weitere Steinschmät-
zerarten, beispiels-
weise der Mittel-
meersteinschmätzer
(*Oenanthe hispanica*,
s. Seite 213).

fliegendes Weibchen

48

Amsel, Schwarzdrossel
Turdus merula

Die Amsel war früher ein scheuer Waldvogel, wurde allerdings im 18./19. Jahrhundert zum Kulturfolger. Bei Erregung, beim Abfliegen und vor allem abends vor dem Aufsuchen der Schlafplätze hört man von ihr ein durchdringendes „tix, tix, tix". Der etwas schwermütig wirkende Gesang ist in Strophen gegliedert. In den Alpen, den Pyrenäen und in Nordeuropa lebt die ähnliche Ringamsel oder Ringdrossel (*Turdus torquatus*). Deren Gefieder wirkt schuppig, und beide Geschlechter haben einen weißen Ring auf der Brust (s. Grafik).

Ringamsel

▶ **Kennart**
▶ **24–25 cm lang**
▶ **Teilzieher**

▶ **Merkmale**
Männchen schwarz mit schmalem, gelbem Ring um das Auge und gelbem Schnabel – Weibchen insgesamt bräunlicher; Schnabel braun – Junge ähnlich Weibchen

▶ **Vorkommen**
früher reiner Waldvogel, heute auch überall in Gärten und Parks

▶ **Verbreitung**
weite Teile Europas, Teile den südliches Asiens und Nordafrikas

- ► < Amsel
- ► 23 cm lang
- ► **Sommervogel**
  (März bis November)

- ► **Merkmale**
  Oberseite braun, Unterseite weißlich-gelblich mit
  Längsreihen schwarzbrauner Punkte; rahmfarbene
  Unterflügel – Geschlechter
  gleich gefärbt

- ► **Vorkommen**
  Gärten und Parkanlagen,
  Feldgehölze, Wälder aller
  Art

- ► **Verbreitung**
  mittleres und nördliches
  Europa, mittleres Asien

Singdrossel
Turdus philomelos

Wie die Amsel hält sich die Singdrossel viel am Boden auf. Verwechseln kann man diese beiden Drosseln auf Grund ihrer Färbung aber nicht. Auch die
Stimme ist unterschiedlich. Die Singdrossel wiederholt kurze Motive zwei- bis viermal, dann folgt das
nächste Motiv; der Gesang wirkt insgesamt rhyth-
misch. Beim Auffliegen sieht man bei der Singdrossel rahmfarbene Unterflügel (s. Grafik), bei der ähnlichen Misteldrossel weiße und bei
der Rotdrossel rostrote Unterflügel
(s. rechte Seite und Seite 53). Alle
drei äußerlich ähnlichen Arten
lassen sich auch an
der Stimme unter-
scheiden (s. eine
entsprechende
Kassette oder CD).

fliegende Singdrossel

Misteldrossel
Turdus viscivorus

Die Misteldrossel wird größer als Singdrossel und Amsel und
ist damit die
größte europäi-
sche Drosselart.
Im Flug fallen die
weißen Unterflügel
auf (s. Grafik), und
man hört schnar-
rende Rufe. Der flö-
tende Gesang ist

fliegende Misteldrossel

wesentlich lauter als der der Amsel, die Strophen
sind kürzer, und sie beinhalten Wiederholungen
ähnlicher Motive. Der Name legt nahe, wovon sich
die Drossel ernährt: von Würmern, Schnecken,
Insekten und von Beeren. Da die Samen wieder aus-
geschieden werden, tragen die Drosseln zur Ausbrei-
tung von Beerensträuchern bei (nicht nur von der
Mistel, wie der Name nahelegt!).

▸ > Amsel
▸ 27 cm lang
▸ **Sommervogel
(Februar bis November)**

▸ **Merkmale**
Oberseite graubraun,
Unterseite gelblich-weiß
mit kräftigen schwarzbrau-
nen Flecken; weiße Unter-
flügel – Geschlechter
gleich gefärbt

▸ **Vorkommen**
Laub-, Misch- und Nadel-
wälder, Streuobstwiesen,
Parks und große Gärten; zur
Nahrungssuche und außer-
halb der Brutzeit auch auf
Wiesen und Feldern

▸ **Verbreitung**
fast ganz Europa, bis nach
Asien hinein, Teile Nord-
afrikas

- ~ Amsel
- 25,5 cm lang
- Teilzieher

Merkmale
grauer Kopf; kastanien-
brauner Rücken; grauer
Bürzel; schwarzer
Schwanz; Unterseite gelb-
lich-weißlich und kräftig
dunkel gefleckt und
gestreift – Geschlechter
gleich gefärbt

Vorkommen
große Gärten und Parks
mit Baumbestand, Obst-
wiesen, Feldgehölze,
lockere Wälder

Verbreitung
mittleres und nördliches
Europa, mittleres Asien

Wacholderdrossel
Turdus pilaris

Die Wacholderdrossel ist von den anderen europäischen Drosseln durch den kastanienbraunem Rük-
ken, den grauen Bürzel und die weißen Unterflügel
zu unterscheiden (s. Grafik). Meist tritt sie gesellig
auf. Man hört ganz bezeichnende „schack-schack-
schack"-Rufe. Der schwätzende, zwitschernde, mit
harten Lauten durchsetzte Gesang wird von Singwar-
ten, aber auch im Flug vorgetragen. Wacholderdros-
seln errichten große Nester auf Bäumen und brüten
meist kolonieartig mit Artge-
nossen zusammen.
Sie wurden
füher als
sogenannte
Krammets-
vögel viel
gefangen und
verzehrt.

auffliegende Wacholderdrossel

Rotdrossel
Turdus iliacus

Die Rotdrossel ist in Mitteleuropa nur zur Zugzeit und im Winter zu beobachten. Sieht man also dort im Sommer eine Drossel mit brauner Oberseite und weißlicher, kräftig gefleckter Unterseite, kommen nur

fliegende Rotdrossel

Sing- und Misteldrossel in Frage. Auf ziehende Rotdrosseln wird man durch die hohen, gedehnten „ziih"-Rufe aufmerksam. Im Winter sind die Vögel in der offenen Landschaft anzutreffen, aber auch in locker bestandenen Wäldern, in großen Gärten und Parks. Ihre Nahrung suchen sie zu dieser Zeit vor allem an beerentragenden Sträuchern (s. Foto).

▸ < Amsel

▸ 21 cm lang

▸ Durchzügler und Wintergast

▸ **Merkmale**
Oberseite braun; rahmfarbener Überaugenstreif; Unterseite weißlich-gelblich mit Längsreihen schwarzbrauner Punkte; Flanken und Unterflügel rostrot – Geschlechter gleich gefärbt

▸ **Vorkommen**
lichte Wälder, vor allem Birkenwälder, offenes Gelände mit Büschen und Bäumen

▸ **Verbreitung**
Island, nördliches Europa und Asien

- ~ Sperling
- 14 cm lang
- Sommervogel
  (April bis September)

- **Merkmale**
  Oberseite dunkel grau-
  braun, Unterseite weißlich;
  Kehle und Brust dunkel
  gestrichelt – Geschlechter
  gleich gefärbt
- **Vorkommen**
  Gärten und Parks, Feld-
  gehölze, lichte Laub- und
  Mischwälder (Waldränder)
- **Verbreitung**
  fast ganz Europa, mittleres
  Asien, Teile Nordwest-
  afrikas

Grauschnäpper
Muscicapa striata

Schnäpper fallen durch ihre aufrechte Haltung auf. Stehen sie auf einem Ast oder auf einer Mauer zuk- ken sie häufig mit dem Schwanz und den Flügeln. Bei der Jagd auf Insekten sitzen die Vögel exponiert und star- ten von dort ihre gewand- ten Flatterflüge, um Beute zu machen. Durch Verarmung der Kleintierfauna sind die Schnäpper im Bestand zurückgegangen. Der unscheinbare Grauschnäpper brütet in Baumhöhlen, in Mauerlöchern und unter Dachvorsprüngen. Durch Aufhängen von Halbhöhlen-Nistkästen kann man ihm neue Brutmöglichkeiten schaffen.

Nest mit Gelege

Trauerschnäpper
Ficedula hypoleuca

Wie alle Schnäpper hat auch der Trauerschnäpper eine aufrechte Haltung. Von einem Ansitz aus jagt er fliegende Insekten, nimmt aber auch Beute vom Boden auf. Er nistet in Höhlen, und wo diese fehlen, kann man Nistkästen aufhängen und dem Vogel so zusätzliche Nistmöglichkeiten schaffen. Ähnlich wie der Trauerschnäpper ist der mehr südlich verbreitete Halsbandschnäpper (*Ficedula albicollis*) gefärbt. An dem weißen Nackenband und dem größeren Flügelfleck läßt sich das Männchen dieser Art aber eindeutig erkennen (s. Grafik). Die Weibchen beider Arten sind kaum voneinander zu unterscheiden.

Halsbandschnäpper-Männchen

▸ < Sperling
▸ 13 cm lang
▸ Sommervogel (April bis September)

▸ **Merkmale**
Männchen mit schwarzer Oberseite und weißer Unterseite; weißer Stirn- und heller Flügelfleck – beim Weibchen Oberseite graubraun; kleinerer Flügelfleck

▸ **Vorkommen**
Gärten, Parks, Feldgehölze, Laub- und Mischwälder

▸ **Verbreitung**
mittleres und nördliches Europa bis nach Asien hinein, südliche Iberische Halbinsel und Teile Nordwestafrikas

- ~ Sperling
- 14 cm lang
- Sommervogel
  (April bis Oktober)

- **Merkmale**
  Oberseite grünlich-bräun-
  lich, Unterseite aschgrau;
  Bauch weißlich – Männ-
  chen mit glänzend
  schwarzer, Weibchen mit
  rotbrauner Kopfplatte

- **Vorkommen**
  Gärten und Parks mit
  Büschen und Bäumen,
  auch Wälder mit reichlich
  Unterwuchs, Schonungen

- **Verbreitung**
  fast ganz Europa bis nach
  Asien hinein, Teile Nordwestafrikas

Mönchsgrasmücke
Sylvia atricapilla

Männchen

Weibchen

Die Mönchsgrasmücke
lebt recht versteckt und
fällt meist erst durch
ihren Gesang auf. Dieser
besteht aus einem reich-
haltigen Zwitschern, das
mit einem lauten „Über-
schlag" aus reinen Flö-
tentönen beendet wird
(Überschlag in manchen
Gebieten nur reduziert).
Sieht man die Vögel, ist
die Diagnose einfach: Das
Männchen hat eine schwarze Kopfplatte (Name!), das
Weibchen eine rotbraune (s. Grafik). Alle Grasmücken haben einen feinen Insektenfresserschna-
bel, und tatsächlich ernährt sich die Mönchsgrasmücke von Insekten, deren Larven und Spinnen, im
Herbst auch von Beeren.

Dorngrasmücke
Sylvia communis

Die Dorngrasmücke hüpft rastlos im Gebüsch von Zweig zu Zweig und ist meist nur kurz zu sehen. Der typische Gesang besteht aus einem kurzen, rauhen, durchaus melodischen Zwitschern, das unvermittelt abbricht: „dididroidazit". Äußerlich sehr ähnlich ist die Klapper- oder Zaungrasmücke (*Sylvia curruca*). Von der Dorngrasmücke unterscheidet sie sich durch die graue Oberseite und die dunklen Ohrpartien (s. Grafik). Der Name Klappergrasmücke leitet sich ab von dem typischen Ende des Gesanges ab, das wie „millillill" klingt (daher – und wegen der grauen Färbung – auch der volkstümliche Name Müllerchen).

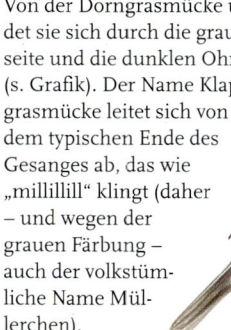

Klappergrasmücke

▶ ~ Sperling
▶ 14 cm lang
▶ **Sommervogel (April bis Oktober)**

▶ **Merkmale**
Männchen mit hellgrauer Kopfkappe, rostfarbenen Flügeln, weißer Kehle und weißlicher Unterseite mit rötlichem Anflug – Weibchen insgesamt matter gefärbt

▶ **Vorkommen**
Gebüschgruppen, Hecken, Feldraine, Bahndämme und gestufte Waldränder

▶ **Verbreitung**
mittleres und südliches Europa bis nach Asien hinein, Teile Nordwestafrikas

- ~ Sperling
- 14 cm lang
- Sommervogel
  (Mai bis September)

- Merkmale
  Oberseite graubräunlich,
  Unterseite heller; Beine
  bleigrau – Geschlechter
  gleich gefärbt
- Vorkommen
  Parks mit Gebüschen und
  unterwuchsreichen Baum-
  beständen, Hecken, Feld-
  gehölze mit gestuften
  Rändern, Laub- und
  Mischwälder mit reichem
  Unterwuchs
- Verbreitung
  weite Teile Europas bis
  nach Asien hinein

Gartengrasmücke
Sylvia borin

Dieser unscheinbare Vogel läßt sich auf Grund seiner Färbung schwer entdecken. Eindeutig zu bestimmen ist diese Grasmücke an ihrem lange anhaltenden und wohlklingenden Gesang

Nest der Gartengrasmücke

mit den kräftigen Flöten- und vollen Orgeltönen. Das Männchen singt im Geäst der Bäume, aber auch im Unterholz. Das Napfnest steht, wie es für Grasmücken typisch ist, niedrig über dem Boden (bis etwa 1 m) in dichten Pflanzenbeständen oder in Gebüschen. Das Weibchen legt drei bis fünf weißliche bis schwach bräunliche, braun und grau gefleckte Eier (s. Grafik).

Gelbspötter
Hippolais icterina

Mit seiner gelbgrünen Färbung unterscheidet sich der Gelbspötter äußerlich nicht deutlich von verschiedenen ähnlichen Vogelarten. Typisch ist vielmehr der recht laute, lange anhaltende und abwechslungsreiche Gesang, in dem wohlklingende und mißtönende Passagen abwechseln. Und der Vogel baut – wie der Name Spötter besagt – die Nachahmungen anderer Vögel ein. So enthält der Gesang des Gelbspötters vielfältige Imitationen der Stimmen von Rohrsängern, Feldlerche, Stieglitz, Amsel, Pirol und anderen Vögeln, die in der Umgebung vorkommen.

singender Gelbspötter

▶ < Sperling
▶ 13 cm lang
▶ **Sommervogel (Mai bis August)**

▶ **Merkmale**
Oberseite graugrün oder olivfarben, Unterseite gelblich; gelblicher Überaugenstreif, Schnabel relativ breit und lang; Beine blaugrau bis blauschwarz – Geschlechter gleich gefärbt

▶ **Vorkommen**
Gärten, Parks und Friedhöfe; lichte, unterholzreiche Laub- und Mischwälder mit nicht zu hohem Baumbestand

▶ **Verbreitung**
mittleres Europa bis nach Asien hinein

59

- ▶ < Sperling
- ▶ 12,5 cm lang
- ▶ Sommervogel
  (April bis September)

- ▶ Merkmale
  Oberseite gelbgrün; Kehle
  und Brust schwefelgelb;
  übrige Unterseite weißlich;
  auffälliger breiter gelber
  Überaugenstreif; Beine
  und Schnabel hell hornfar-
  ben – Geschlechter gleich
  gefärbt

- ▶ Vorkommen
  Laubwälder mit wenig
  Unterwuchs (typisch
  Buchenhochwälder), aber
  auch Mischbestände, nur
  selten in Nadelwäldern; im
  Gebirge bis 1.500 m

- ▶ Verbreitung
  mittleres Europa

Waldlaubsänger
Phylloscopus sibilatrix

Laubsänger sind kleine, unscheinbar grünlich gefärbte Vögel, die man am besten am Gesang unterscheidet. Der Waldlaubsänger ist der größte einheimische Laubsänger. Sein typischer Gesang beginnt
mit einer Folge von „düh, düh"-Tönen, denen eine
Reihe von Lauten folgt, die wie „sib" klingen. Schließlich endet der Gesang in einem schnurrenden
„sirrr"-Triller (Eselsbrücke: „Nähmaschinenvogel").
Der Vogel hält sich zwar meist in den Baumkronen
auf, sein „Back-
ofennest" mit
seitlichem Ein-
gang (s. Grafik)
befindet sich
aber gut ge-
tarnt am Bo-
den in niedri-
ger Vegetation
(eine Brut).

Backofennest

60

Zilpzalp, Weidenlaubsänger
Phylloscopus collybita

Der Zilpzalp ist – wie alle Laubsänger – ein unscheinbar gefärbter Vogel, der sich meist im höheren Gezweig der Bäume aufhält. Sein Gesang klingt ebenso eintönig wie typisch, eine gemächliche „zilp, zalp, zalp, zilp, zilp, zalp"-Folge. Eingeschoben werden harte „trrrt-trrrt"-Laute. Ganz ähnlich sieht der Fitis oder Fitislaubsänger (*Phylloscopus trochilus*, s. Grafik) aus. Beide Arten lassen sich im Freien nur am Gesang unterscheiden. Der Gesang des Fitis ist eine weiche, etwas schwermütig anmutende Kadenz, die mit einem Schnörkel abschließt. Beide Laubsänger nisten versteckt am Boden und ziehen eine bis zwei Bruten im Jahr auf.

▸ < Sperling
▸ 11 cm lang
▸ **Sommervogel (März bis November)**

▸ **Merkmale**
Oberseite olivbraun, Unterseite weißlich mit leichtem gelbem Anflug; wenig deutlicher gelbgrüner Überaugenstreif; Beine schwärzlich – Geschlechter gleich gefärbt

▸ **Vorkommen**
große Gärten, Parks, lichte unterholzreiche Wälder, Feldgehölze

▸ **Verbreitung**
weite Teile Europas und des nördlichen Asiens

Fitis

- < Sperling
- 12,5 cm lang
- Sommervogel
  (Mai bis September)

- **Merkmale**
  Oberseite olivbraun,
  Unterseite gelblich; Kehle
  weißlich, schwach ausge-
  prägter Überaugenstreif –
  Geschlechter gleich ge-
  färbt

- **Vorkommen**
  dichte Vegetation in feuchten Gräben, feuchte Dik-
  kichte, Weidengebüsche;
  auch in Brennesseldick-
  ten, Getreidefeldern und
  ähnlichen Lebensräumen
  weitab vom Wasser

- **Verbreitung**
  mittleres Europa

Sumpfrohrsänger
Acrocephalus palustris

Rohrsänger sind typische
Vögel feuchter Pflanzen-
dickichte und Röhrichte.
Sie sind so gebaut, daß
sie an Pflanzensten-
geln gut klettern kön-
nen, unauffällig ge-
färbt und am besten
an ihrer Stimme zu
unterscheiden. Der
Gesang des Sumpfrohr-
sängers klingt wohltö-
nend und sehr abwechs-
lungsreich, vor allem durch die vielen eingestreuten
Nachahmungen der Stimmen anderer Vögel (z. B.
Blaumeise, Amsel, Rauchschwalbe, Star). Man
spricht auch von „spotten" oder „Spottgesang". Weitere Beispiele für imitierende Vögel sind der Gelbspötter (s. Seite 59) und der Star (s. Seite 83).

Nest

Teichrohrsänger
Acrocephalus scirpaceus

Auf den Teichrohrsänger wird man meist erst durch seine Stimme aufmerksam. Der rhythmische Gesang – meist von einem Schilfhalm aus vorgetragen – ist eine längere Folge von Motiven, die oft einige Male wiederholt werden: „tek tek tirri tirri tirri". Mit 19 cm Länge deutlich größer wird der Drosselrohrsänger (*Acrocephalus arundinaceus*), der größte

singender Drosselrohrsänger

Rohrsänger Europas (s. Grafik). Neben der Größe fällt vor allem der laute, weithin hörbare Gesang auf. Er enthält knarrende und schrille hohe Passagen, die wie „karre-karre-kiet-kiet-rätt-rätt" klingen. Leider hört man ihn immer seltener.

▶ < Sperling
▶ 12,5 cm lang
▶ Sommervogel (Mai bis September)

▶ **Merkmale**
Oberseite braun, Unterseite weißlich; an den Flanken gelblich-bräunlich; undeutlicher Überaugenstreif, langer, kräftiger Schnabel – Geschlechter gleich gefärbt

▶ **Vorkommen**
Schilfröhricht am Ufer von (stehenden) Gewässern, sowie kleinere Schilfbestände auf feuchtem Grund

▶ **Verbreitung**
mittleres und südliches Europa, Teile des mittleren Asiens

- ‹ Sperling
- 13 cm lang
- Sommervogel
  (April bis Oktober)

- **Merkmale**
  Oberseite bräunlich, kräftig dunkelbraun gestreift;
  weißlicher Überaugen-
  streif; Unterseite gelblich-
  weißlich – Geschlechter
  gleich gefärbt

- **Vorkommen**
  Verlandungszone von
  (stehenden) Gewässern,
  Weidendickichte und
  andere Feuchtgebiete mit
  dichtem Pflanzenwuchs

- **Verbreitung**
  mittleres und nördliches
  Europa bis nach Asien
  hinein

Schilfrohrsänger
Acrocephalus schoenobaenus

Dieser Rohrsänger ist ein wenig markanter gefärbt
als seine nahen Verwandten (s. Seite 62 und 63).
Sein Gesang besteht aus einer abwechslungsreichen
Folge schnarrender, rauher, zwitschernder und wohl-
tönender Laute; typisch sind eingebaute „woid-woid-
woid"-Elemente. Das Männchen trägt ihn entweder
von einer erhöhten Singwarte aus oder im Singflug
vor (s. Grafik). Wie alle anderen Rohrsänger frißt
auch der Schilf-
rohrsänger vor
allem Insekten.
Das umfang-
reiche Nest
steht in dich-
ter Vegeta-
tion meist
nahe am
Boden.

Singflug

Feldschwirl
Locustella naevia

Die bräunlich gefärbten Schwirle
sind nur schwer voneinander zu
unterscheiden, es sei denn,
man zieht die Gesänge als
Bestimmungsmerkmal
hinzu. Typisch ist ein
monotones Schnurren,
das meist in der Morgen-
und Abenddämmerung,
aber auch nachts erklingt
und manchmal minuten-
lang nicht abbricht. Der
Gesang des Feldschwirls
beginnt bisweilen tiefer,
um bald auf die endgültige
Tonhöhe („sirrr") überzuge-
hen. Der Gesang des ähnlichen Rohrschwirls
(*Locustella luscinoides*) klingt dagegen tiefer („örrr").

Rohrschwirl

▶ **< Sperling**
▶ **13 cm lang**
▶ **Sommervogel
(April bis September)**

▶ **Merkmale**
Oberseite olivbraun, kräftig dunkel gestreift; Bürzel
nur schwach gestreift;
Schwanz gestuft und ge-
rundet; Unterseite weiß-
lich – Geschlechter gleich
gefärbt

▶ **Vorkommen**
Feuchtwiesen, Sumpf-
gebiete, Moore

▶ **Verbreitung**
mittleres Europa bis nach
Asien hinein

Merkmale
Oberseite olivgrün; helle
Flügelbinde; Unterseite
weißlich-grünlich; leuch-
tend gelber Scheitel mit
schwarzer Begrenzung,
beim Männchen mit
orangefarbenem, beim
Weibchen mit gelblichem
Mittelstreifen

Vorkommen
Nadel- und Mischwälder,
auch entsprechende
Baumbestände in größe-
ren Parks

Verbreitung
mittleres und nördliches
Europa, Teile des mittleren
Asiens

Wintergoldhähnchen
Regulus regulus

„Winzig und rundlich" – so lassen sich die Goldhähnchen, die kleinsten Vögel Europas, charakterisieren. Bei der Bestimmung achte man vor allem auf
die Kopfzeichnung, die bei Jungvögeln allerdings
fehlt. Auch die Stimme ist ein gutes Merkmal und
zudem häufig zu hören, aber nur sehr leise und fein.
Der Gesang des Wintergoldhähnchens besteht aus
einem gereihten Doppelton mit einem Zwitschern
als Abschluß. Goldhähnchen bauen aus Moos Nester
mit einer recht tiefen
Mulde, die unter den
Spitzen der Zweige
von Nadelbäumen
oder in Astgabeln
aufgehängt werden
(s. Grafik). Die
Vögel ziehen
zwei Bruten im
Jahr auf.

Nest

Sommergoldhähnchen
Regulus ignicapillus

In Größe und Färbung ähnelt das Sommergoldhähnchen sehr dem Wintergoldhähnchen. Die Kopfzeichnung ist aber anders, und man kann zur Unterscheidung vom Wintergoldhähnchen auch die Stimme heranziehen. Der Gesang des Sommergoldhähnchens ist eine einfache Wiederholung eines Wispertones mit einem etwas ansteigenden und anschwellenden Schlag oder Triller am Ende: etwa „sisisisisisia". Und schließlich hält sich das Sommergoldhähnchen – wie sein Name besagt – nur von März bis November in Mitteleuropa auf.

Amsel- und Goldhähnchenei im Größenvergleich (natürliche Größe)

▶ < Sperling
▶ 9 cm lang
▶ **Sommervogel**
(März bis November)

▶ **Merkmale**
Oberseite olivgrün, Unterseite weißlich; schwarzer Augenstreif, weißer Überaugenstreif, Scheitel orange, schwarz eingefaßt – beim Weibchen Scheitel gelb

▶ **Vorkommen**
Nadelwälder, aber auch Mischwälder, Baumbestände in größeren Parks und auf Friedhöfen

▶ **Verbreitung**
mittleres und südliches Europa, Teile Nordwestafrikas

- ► < Sperling
- ► 9,5 cm lang
- ► Jahresvogel

- ► **Merkmale**
  Oberseite kräftig braun,
  Unterseite heller braun;
  Rücken und Flanken
  mit dunkelbrauner bis
  schwarzer Musterung –
  Geschlechter gleich
  gefärbt

- ► **Vorkommen**
  Gärten, Parks und Wälder,
  bevorzugt solche mit dichtem Unterwuchs

- ► **Verbreitung**
  weite Teile Europas, Teile
  des mittleren Asiens,
  Nordafrikas und Nord-
  amerikas

Zaunkönig
Troglodytes troglodytes

Wie eine Maus
huscht der winzige,
rundliche, braune
Zaunkönig durch
das Gezweig von
Büschen und am
Boden entlang. Er ist
ein äußerst lebhafter
Vogel, hält seinen
Schwanz fast ständig
gestelzt, knickst bei

Zaunkönig am Nest

Erregung und hat einen geradlinigen, schnurrenden
Flug. Für seine Größe besitzt der Zaunkönig eine
sehr auffällige Stimme. Sein Gesang – auch mitten
im Winter zu hören – besteht aus einer Reihe
schmetternder Töne, in die Roller eingeschoben sind,
und die mit einem höheren, scharfen Ton endet. Der
Vogel baut ein kugelförmiges Nest mit seitlichem
Eingang (s. Grafik).

Wasseramsel
Cinclus cinclus

Die gedrungen gebaute Wasseramsel mit dem kurzen, oft gestelzten Schwanz ist der einzige an das Wasserleben angepaßte europäische Singvogel. Oft sieht man sie in geradlinigem, schnurrenden Flug in niedriger Höhe dem Wasserlauf folgen. Dann landet sie auf einem Stein mitten im Flußbett – und ist im nächsten Moment verschwunden. Die Wasseramsel stellt nämlich ihrer Beute, vor allem Wasserinsekten, unter Wasser nach. Dabei läuft sie gegen die Strömung, die sie an den Boden drückt, eine Zeitlang auf dem Grund des Baches entlang (s. Grafik), um an einer anderen Stelle wieder aufzutauchen.

▶ > Sperling
▶ 18 cm lang
▶ Jahresvogel

▶ **Merkmale**
Oberseite schwarzbraun; Kopf brauner als Rücken, weißer Kehllatz; rostbrauner Bauch – Geschlechter gleich gefärbt

▶ **Vorkommen**
klare, schnell fließende Bäche und kleine Flüsse im Hügel- und Bergland

▶ **Verbreitung**
weite Teile Europas, Teile des mittleren Asiens, auch Nordwestafrika

tauchende Wasseramsel

69

▶ > Sperling
▶ 18 – 19 cm lang
▶ Teilzieher

▶ **Merkmale**
unscheinbar bodenfarbig;
am Kopf und auf der Brust
dunkel gefleckt – Ge-
schlechter gleich gefärbt

▶ **Vorkommen**
Ackerland, aber auch Wie-
sen und Brachland

▶ **Verbreitung**
fast ganz Europa – Aus-
nahme sind die hochgele-
genen Fjäll-Landschaften
Skandinaviens – und Mit-
telasien

Feldlerche
Alauda arvensis

Die Feldlerche ist unscheinbar
gefärbt, ihr trillernder Gesang
dagegen sehr auffällig. Die
Lerche steigt singend auf,
rüttelt nach dem Aufstieg
eine Zeitlang singend
in der Luft, um dann
herabzuflattern. Der
Gesang bricht erst
kurz vor der Landung
ab. Neben der Feldler-
che und der Hauben-
lerche (s. rechte Seite)
kommt in Mitteleu-

Heidelerche

ropa noch die Heidelerche (*Lullula arborea*, s. Grafik)
vor. Die Art ist in Heidegebieten, an Waldrändern,
auf Brachland mit einzelnen Bäumen und auf Bergwiesen anzutreffen.

Haubenlerche
Galerida cristata

Die Haubenlerche läßt sich auf Grund ihrer deutlich sichtbaren Haube von der ansonsten sehr ähnlichen Feldlerche leicht unterscheiden. Durch den Verlust an geeignetem Lebensraum ist die Art in ihrem Bestand stark zurückgegangen. Im Winter, wenn Feldlerchen teilweise und Heidelerchen ganz weggezogen sind, kann man in Mitteleuropa neben Haubenlerchen auch Ohrenlerchen (*Eremophila alpestris*) beobachten. Die Vögel kommen aus Nordskandinavien zu uns (vor allem an die Küsten) und sind an ihrer schwarz-gelben Gesichtszeichnung eindeutig zu bestimmen (s. Grafik).

Ohrenlerche

▶ > Sperling
▶ 17 cm lang
▶ Jahresvogel

▶ **Merkmale**
unscheinbar bodenfarbig; auf der Brust dunkel gefleckt; lange, meist aufgerichtete Federhaube am Kopf – Geschlechter gleich gefärbt

▶ **Vorkommen**
trockenes Brachland, Bahndämme und Dünen

▶ **Verbreitung**
mittleres und südliches Europa, weite Teile des südlichen Asiens, Nordafrika (mit Ausnahme der Sahara)

- ► ~ Sperling
- ► 14,5 cm lang
- ► Teilzieher

- ► **Merkmale**
  braune, dunkel gestreifte
  Oberseite und weißliche
  Unterseite mit kräftigen
  Fleckenstreifen auf der
  Brust; heller Überaugenstreif; weiße Schwanzkanten – Geschlechter gleich
  gefärbt

- ► **Vorkommen**
  feuchte Wiesen, Brachland
  und ähnliches Gelände; im
  Norden auch Tundra

- ► **Verbreitung**
  mittleres und nördliches
  Europa bis hinein nach
  Asien

Wiesenpieper
Anthus pratensis

Pieper sind etwa so groß wie Lerchen und ähneln jenen auch in der Färbung und Zeichnung. Der Wiesenpieper läßt sich aber von der Feldlerche durch den dünneren Schnabel und den verhältnismäßig langen Schwanz recht gut unterscheiden. Auch hier ist der Gesang ein gutes Merkmal. Zwar zeigt auch der Wiesenpieper Singflüge (s. Grafik), seine Schmetter- und Singstrophen klingen aber ganz anders als das Trillern der Lerche. Der Wiesenpieper ist ein Vogel der offenen Landschaft, folglich wird das Nest am Boden angelegt; Pieper sind Boden-brüter.

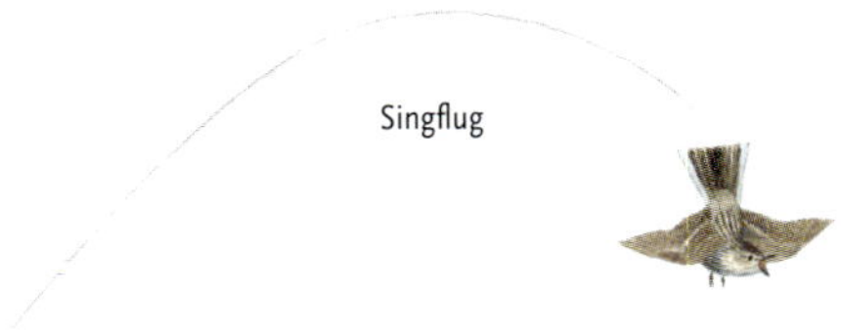

Singflug

Baumpieper
Anthus trivialis

Der Baumpieper ist nicht sehr auffällig gefärbt und von den anderen Pieperarten vor allem an der Stimme zu unterscheiden. Der laute und wohlklingende Gesang setzt sich aus langen Trillern zusammen, die in einem charakteristischen „zia-zia-zia" enden. Der Gesang wird entweder von einer erhöhten Singwarte, etwa einem Baumwipfel, aus vorgetragen oder aber im Singflug, bei dem der Pieper von der Singwarte aufsteigt und dann wie ein kleiner Fallschirm mit ausgebreiteten Flügeln niedergleitet (s. Grafik).

Singflug

- ~ Sperling
- 15 cm lang
- Sommervogel (April bis September)

- **Merkmale**
  braune, dunkel gestreifte Oberseite und rahmfarbene Unterseite mit kräftigen Fleckenstreifen auf der Brust; heller Überaugenstreif; weiße Schwanzkanten – Geschlechter gleich gefärbt

- **Vorkommen**
  Wald (lichte Bestände, Lichtungen, Kahlschläge), Heiden

- **Verbreitung**
  weite Teile Europas und des mittleren Asiens

▶ > Sperling
▶ 17 cm lang
▶ Teilzieher

▶ **Merkmale**
Oberseite graubraun
gefärbt; Unterseite weiß-
lich, rötlich überflogen;
heller Überaugenstreif;
weiße Schwanzkanten –
Geschlechter gleich ge-
färbt

▶ **Vorkommen**
feuchte mit Felsblöcken
übersäte Bergwiesen,
moorige Wiesen in der
Latschenregion und ähn-
liches Gelände

▶ **Verbreitung**
Schwarzwald, Alpen und
andere europäische und
vorderasiatische Berg-
regionen

Bergpieper
Anthus spinoletta

Vom nah ver-
wandten Wie-
senpieper läßt
sich der Berg-
pieper da-
durch unter-
scheiden, daß
er eine weiß-
liche, rötlich
überflogene
und vor allem

Vögel auf Nahrungssuche

ungefleckte Unterseite besitzt. Kann man den Vogel
aus der Nähe beobachten, wird auch deutlich, daß er
– im Gegensatz zu den anderen heimischen Pieperarten – dunkle Beine hat. Der Bergpieper wurde
früher mit dem Strandpieper zur Überart Wasser-
pieper zusammengefaßt. Der Strandpieper brütet an
den Küsten Nordeuropas; man kann ihn im Winter
an der Nord- und Ostseeküste beobachten.

Bachstelze
Motacilla alba

Stelzen sind schlanke Vögel mit schlankem Insekten-
fresserschnabel und langem Schwanz. Die Bachstelze wiederum hat eine schwarz-weiß-graue Färbung, läuft trippelnd rasch umher und wippt dabei
mit dem langen Schwanz (daher der niederdeutsche
Name Wipsteert!). Ihr Flug ist – wie der aller Stelzen
– ausgeprägt wellenförmig. Die Art kommt in Europa in zwei äußerlich gut zu unterscheidenden Unterarten vor. Die
Vögel von den
Britischen
Inseln haben
einen schwar-
zen Rücken,
weshalb man
dann auch von
der Trauerbach-
stelze spricht
(s. Grafik).

Trauerbachstelze

▶ > Sperling

▶ 18 cm lang

▶ Teilzieher

▶ **Merkmale**
Oberseite grau; Kopf-
kappe, Kehle und Brust
schwarz; Bauch weiß;
weiße Schwanzkanten –
Weibchen weniger kon-
trastreich – im Ruhekleid
statt schwarzer Kehle und
Brust nur schwarzes Brustband, aber Männchen noch
mit schwarzer Kopfkappe

▶ **Vorkommen**
kleine Ortschaften, aber
auch offenes Gelände,
gerne in der Nähe von Ge-
wässern

▶ **Verbreitung**
fast ganz Europa und
Asien

- > Sperling
- 18–19 cm lang
- Teilzieher

Merkmale
Oberseite blaugrau; weißer Überaugenstreif; Unterseite gelb – Männchen zur Brutzeit mit weißem Bartstreif und schwarzer Kehle – Weibchen ähnlich, aber weißlich-graue Kehle

Vorkommen
an sauberen, schnell fließenden Bächen und kleinen Flüssen, vor allem im Hügel- und Bergland

Verbreitung
weite Teile Europas und Asiens

Gebirgsstelze
Motacilla cinerea

Auch wenn es der Name nahelegt, so ist die Bachstelze viel weniger an Fließgewässer gebunden als die gleich große Gebirgsstelze.

Weibchen   Männchen

Auch diese blaugrau und gelb gefärbte Stelze läuft mit wippendem Schwanz und hat einen wellenförmigen Flug. Sie nistet in den Uferböschungen der Gewässer, in Höhlungen an Brücken oder in den Wänden von Wehren und Mühlen. Durch wasserbauliche Maßnahmen und Gewässerverschmutzung sind die Bestände leider zurückgegangen. Eine sinnvolle Hilfsmaßnahme ist die Bereitstellung von Nistmöglichkeiten entlang geeigneter Gewässer.

Schafstelze
Motacilla flava

Die Schafstelze ist etwas kleiner als die ähnliche Gebirgsstelze, aber längst nicht so stark an Wasser gebunden. Ihr Name deutet darauf hin, daß sie oft in der Nähe von weidendem Vieh Nahrung sucht. Insekten und andere Kleintiere werden am Boden oder in kurzem Fangflug erbeutet. Die Schafstelze kommt in Europa in mehreren, äußerlich zu unterscheidenden Unterarten vor. Vögel von den Britischen Inseln haben einen olivfarbenen Kopf (s. Grafik), Vögel aus Südosteuropa einen dunkelgrauen bis schwarzen Kopf. Darüber hinaus kann man weitere Unterarten vor allem an der Kopffärbung unterscheiden. Schafstelzen bauen ihre Nester am Boden unter dichtem Bewuchs.

Kopf einer englischen Schafstelze

- ▶ > Sperling
- ▶ 17 cm lang
- ▶ **Sommervogel (März bis September)**

- ▶ **Merkmale**
  Oberseite olivgrün; weißer Überaugenstreif; Unterseite leuchtend gelb – Männchen im Brutkleid mit grauem Kopf – Männchen im Ruhekleid und Weibchen mit olivgrünem Kopf

- ▶ **Vorkommen**
  feuchtes Wiesengelände, Bach- und Flußauen, Sumpfgebiete, Moore

- ▶ **Verbreitung**
  fast ganz Europa, weite Teile Asiens, Teile Nordafrikas und Alaskas

▶ > Sperling
▶ 17–18 cm lang
▶ Sommervogel
(April bis September)

▶ **Merkmale**
Männchen mit grauem
Kopf, schwarzem Augen-
streif, rotbraunem Rücken,
schwarzem Schwanz und
weißlich-rötlicher Unter-
seite – Weibchen mit grau-
braunem Kopf und bräun-
lichen Wellenflecken auf
der Unterseite

▶ **Vorkommen**
Waldlichtungen, Waldrän-
der, Hecken, Feldgehölze

▶ **Verbreitung**
mittleres Europa und
Asien

Neuntöter, Rotrückenwürger
Lanius collurio

Die Würger sind
so etwas wie die
„Greifvögel unter
den Singvögeln".
Sie besitzen einen
kräftigen Schna-
bel mit einem
kleinen Haken an
der Spitze. Neun-
töter jagen über-
wiegend von erhöh-
ten Warten aus, aber

Weibchen mit
aufgespießter Beute

auch im Rüttelflug. Bei reichlichem Nahrungsangebot spießen sie Beute (große Insekten, kleine Mäuse,
Vögel und Kriechtiere) als Vorrat auf Dornen von
Büschen oder auf Stacheldraht auf (Name!, s. Grafik).
Beide Geschlechter haben einen rotbraunen Rücken,
auf den sich der zweite gebräuchliche Name Rotrük-
kenwürger bezieht.

Rotkopfwürger
Lanius senator

Dieser Würger ist kaum zu verwechseln. Man denke an seinen Namen und daran, daß der Vogel „im Flug bunt wirkt" (s. Grafik). Sein Gesang ist nicht sehr laut, aber

fliegendes
Männchen

abwechslungsreich und enthält rauhe Töne und Imitationen anderer Vogelstimmen. In Deutschland läßt sich der Rotkopfwürger nur noch im Süden beobachten, und auch dort nur noch stellenweise. Vor allem hatte der Vogel unter der Zerstörung der Streuobstwiesen zu leiden, des von ihm bevorzugten Lebensraumes. Die Obstbäume boten ihm auch geeignete Plätze (2 – 6 m über dem Boden) zur Anlage seines Nestes.

▶ > Sperling

▶ 17 cm lang

▶ **Sommervogel (April bis September)**

▶ **Merkmale**
Männchen mit rostrotem Kopf, schwarzem Augenstreif, schwarzem Rücken, weißem Schulterflecken und Flügelfeld, grauem Bürzel und schwarzem Schwanz; Unterseite weißlich-rötlich – Weibchen insgesamt blasser

▶ **Vorkommen**
offene Landschaft mit Gebüschen und Baumgruppen, Streuobstwiesen, Alleen

▶ **Verbreitung**
mittleres und südliches Europa, Teile Kleinasiens und Nordafrikas

> Sperling
24 cm lang
Teilzieher

Merkmale
Oberseite grau; schwarzer Augenstreif; schwarze Flügel mit weißem Feld; schwarzer Schwanz mit weißen Kanten; Unterseite weißlich – Weibchen insgesamt blasser; teilweise mit feiner graubrauner Wellenzeichnung auf der Brust

Vorkommen
Heidegebiete, trockengelegte Moorflächen, aber auch Brachland

Verbreitung
weite Teile Europas, Asiens, Nordafrikas und Nordamerikas

Raubwürger
Lanius excubitor

Der größte europäische Würger, der schwarz-grauweiß gefärbte Raubwürger, hat – wie die anderen Würgerarten auch – einen kräftigen Schnabel mit einem kleinen Haken an der Spitze. Damit erbeutet er Singvögel, kleine Säugetiere und Insekten. Bei Nahrungsüberschuß spießt er wie der Neuntöter (s. Seite 78) Beute auf Dornen oder Stacheldraht auf. Das Nest des Raubwürgers ist ein solider Bau aus kleinen Zweigen, Halmen und Moos. Es steht in Büschen oder Bäumen in 3 – 10 m Höhe. Raubwürger sind in Mitteleuropa auch außerhalb der Brutzeit zu beobachten. Oft sitzen die Vögel auf hohen Warten.

fliegender Raubwürger

80

Schwarzstirnwürger
Lanius minor

Auf den ersten Blick kann man Schwarzstirnwürger und Raubwürger leicht verwechseln. Letzterer wird aber sichtbar größer, und vor allem hat der Schwarzstirnwürger nicht nur einen schwarzen Augenstreif, sondern das Schwarz zieht sich bis in die Stirn (Name!). Leider ist der Schwarzstirnwürger in Mitteleuropa kaum noch zu beobachten. Die Ursachen für den Rückgang liegen in der Zerstörung des Lebensraumes und der Vernichtung der Nahrungsgrundlage. Der Schwarzstirnwürger ernährt sich fast ausschließlich von Insekten, und wenn diese fehlen, bleibt auch der Würger aus.

> Sperling
20 cm lang
Sommervogel (Mai bis September)

Merkmale
Oberseite grau; Stirn und Kopfseiten schwarz; Flügel schwarz mit weißem Feld; Schwanz schwarz mit weißen Kanten; Unterseite matt rosa – Weibchen insgesamt blasser; Stirn weniger markant

Vorkommen
offene Landschaft mit Büschen und Bäumen, Streuobstwiesen, Weingärten, Alleen

Verbreitung
mittleres und südliches Europa bis nach Asien hinein

fliegender Schwarzstirnwürger

- ~ Amsel
- 24 cm lang
- **Sommervogel**
  (Mai bis September)

- **Merkmale**
  Männchen mit gelbem
  Gefieder, schwarzen Flügeln und schwarzem
  Schwanz; Schnabel rötlich
  – Weibchen oberseits
  grünlich, unterseits weißlich-grünlich mit Reihen
  von dunklen Flecken

- **Vorkommen**
  Laubwälder (Auwälder),
  Parks mit hohem Baum-
  bestand

- **Verbreitung**
  mittleres und südliches
  Europa bis nach Asien
  hinein, kleine Teile Nordafrikas

Pirol
Oriolus oriolus

Pirole halten sich meist in den Baumkronen auf, und
trotz der auffällig gelben Färbung bekommt man
auch die Männchen kaum einmal zu Gesicht. Es sei
denn, man geht ihrem Gesang nach. Bezeichnend
sind die lauten Flötenstrophen, die wie „düdlio" klingen. Eine Eselsbrücke zum Erkennen der Stimme
bietet der volkstümliche Name
Vogel Bülow. Pfeift man das
„düdlio" nach, läßt sich der
Vogel bisweilen anlocken.
In den Baumkronen
bauen die Vögel auch
ihre Nester. Diese wer-
den kunstvoll geflochten
und in waagerecht
gewachsene Astgabeln
gehängt. Pirole ziehen
nur eine Brut im Jahr
auf.

Weibchen

Star

Sturnus vulgaris

Am ehesten kann man den Star mit der Amsel verwechseln. Die Unterschiede sind aber leicht erkennbar: Kurzer Schwanz, dreieckige Flügel, und im Flug wechseln Schlag- und Gleitphasen ab. Der Gesang des Stars besteht zudem aus einem geschwätzigen Gemisch aus Pfiffen, Schnalz- und Schnurrlauten, in das Imitationen anderer Vogelstimmen und technischer Geräusche eingebaut sind. Beim Singen schlagen die Männchen heftig mit den Flügeln. Außerhalb der Brutzeit bilden Stare oft riesige Schwärme und können dann zu einem Problem werden, wenn sie etwa Weinberge plündern.

▶ < Amsel
▶ 21,5 cm lang
▶ Teilzieher

▶ **Merkmale**
gedrungen; spitzer, gelber Schnabel; spitze Flügel; kurzer Schwanz; zur Brutzeit schwarzes Gefieder, metallisch glänzend – im Ruhekleid weiß getüpfelt („Perlstar"); Schnabel dunkelbraun – Geschlechter fast gleich gefärbt

▶ **Vorkommen**
Gärten und Parks, Feldgehölze und Wälder, offene Kulturlandschaft

▶ **Verbreitung**
fast ganz Europa bis weit nach Asien hinein, auf anderen Kontinenten eingebürgert

Star

Amsel

- > Sperling
- 17–19 cm lang
- 32–34 cm Spannweite
- Sommervogel
  (April bis Oktober)

- **Merkmale**
  Oberseite dunkelblau,
  metallisch glänzend;
  Unterseite rahmfarben;
  Stirn und Kehle rostbraun,
  blaues Kropfband; lange
  Schwanzspieße – Ge-
  schlechter gleich gefärbt

- **Vorkommen**
  Dörfer; Nahrungssuche
  auch über Feldwegen,
  Wiesen und Gewässern

- **Verbreitung**
  fast ganz Europa, weite
  Teile Asiens und Nordamerikas, Teile Nordafrikas

Rauchschwalbe
Hirundo rustica

Schwalben sind elegante und wendige Flieger. Das
kann man z. B. bei den Rauchschwalben beobachten,
wenn diese in der Luft Insekten jagen oder mit hellem „witt-witt" zielsicher durch kleine Fensteröffnun-
gen zum Nest fliegen. Diese Schwalbe nistet stets im
Inneren von Gebäuden. Das Nest aus Schlamm und
Pflanzenteilen wird direkt an die Wände geklebt,
steht aber auch auf Simsen, Deckenbalken oder Lam-
pen im Stall (s. Grafik). Vor dem Abzug im Herbst
sammeln sich die Schwalben truppweise. Dann sieht
man oft große
Mengen auf
Leitungs-
drähten sitzen.
Einige Tage
später sind
die Vögel schon
nach Süden
abgezogen.

Rauchschwalbe im Anflug ans Nest

Mehlschwalbe
Delichon urbica

Die Mehlschwalbe
ist kleiner als die
Rauchschwalbe, ihr
Flug flatternder mit
vielen Gleitphasen.
Zudem ruft sie
anders: „prrt" oder
„dschrrb". Die
Nester der Mehl-
schwalbe sind nicht
halb offen, sondern
bis auf ein halbrun-

Mehlschwalbe am Nest

des Einflugloch geschlossene Halbkugeln (s. Grafik).
Sie werden stets an die Außenwände von Gebäuden
geklebt und hängen unter Dachrinnen und Mauer-
vorsprüngen. Meist brütet die Mehlschwalbe in
Gruppen oder Kolonien. Durch Anbringen von
Nisthilfen oder sogar künstlichen Nestern kann man
beiden Schwalbenarten helfen.

▶ < Sperling
▶ 12,5 cm lang
▶ 17 – 29 cm Spannweite
▶ **Sommervogel
(April bis Oktober)**

▶ **Merkmale**
Oberseite metallisch
blauschwarz; weißer Bür-
zel; Unterseite durch-
gehend weiß; Schwanz
nur schwach gegabelt –
Geschlechter gleich ge-
färbt

▶ **Vorkommen**
Dörfer und Städte, auch
Steinbrüche

▶ **Verbreitung**
fast ganz Europa und weite
Teile Asiens, Teile Nord-
westafrikas

85

- ► < Sperling
- ► 12 cm lang
- ► 27–29 cm Spannweite
- ► **Sommervogel**
  (April bis Oktober)

- ► **Merkmale**
  Oberseite braun, Unter-
  seite weiß mit braunem
  Brustband; Schwanz leicht
  eingekerbt – Geschlechter
  gleich gefärbt

- ► **Vorkommen**
  Nahrungssuche vor allem
  über Gewässern; Brut in
  Erdwänden in der Nähe
  von Gewässern, aber auch
  weiter entfernt (z. B. Sand-
  und Kiesgruben)

- ► **Verbreitung**
  fast ganz Europa, weite
  Teile Asiens und Nord-
  amerikas

Uferschwalbe
Riparia riparia

Diese kleinste europäische Schwalbenart ist an der
überwiegend bräunlichen Färbung und den harten
„tschrrp"-Rufen zu erkennen. Geeignete Brutplätze
finden Uferschwalben vor allem in Sand- und Kiesgruben. Dort graben sie Höhlen in die mehr oder
weniger senkrechten Erdwände. Diese Art brütet
stets in Gruppen oder sogar großen Kolonien (bis
über 1.000 Paare).
Durch wasserbau-
liche Maßnahmen
und Vernichtung
von Brutwänden
sind die Bestände
in den letzten Jahr-
zehnten deutlich zu-
rückgegangen. Eine
sinnvolle Hilfsmaß-
nahme stellt die Neuan-
lage von Brutwänden dar.

Brutkolonie

86

Mauersegler

Apus apus

Das beste Kennzeichen der Segler sind die langen, sichelförmigen Flügel und der kurze, gegabelte Schwanz. Von den Schwalben heben sie sich auch durch den reißenden Flug ab, in dem sie auf der Suche nach Insekten um die Häuser jagen. Die schrillen „sriih"-Rufe unterscheiden den Mauersegler vom größeren Alpensegler (*Apus melba*). Diese Art hat an- und abstei-gende Trillerrufe – und eine weiße Unterseite mit einem braunen Kropfband (s. Grafik). Der Alpensegler ist zudem auch mehr südlich ver-breitet, vor allem über den Mittelmeerraum.

▶ > Sperling

▶ 16 – 17 cm lang

▶ 42 – 48 cm Spannweite

▶ Sommervogel
(Mai bis September)

▶ **Merkmale**
dunkles, rußfarbenes Gefieder; helles Kinn, breite Mundspalte, kurzer Schnabel – Geschlechter gleich gefärbt

▶ **Vorkommen**
kleine und größere Städte

▶ **Verbreitung**
fast ganz Europa und weite Teile des mittleren Asiens, Teile Nordwestafrikas

Mauersegler

Alpensegler

87

< Ente
- 47 cm lang
- Jahresvogel

Merkmale
durchgehend schwarz im Gefieder, je nach Beleuchtung leicht glänzend; schwarzer Schnabel – Geschlechter gleich gefärbt

Vorkommen
offene Landschaften, Wälder, Parks; außerhalb der Brutzeit umherstreifend

Verbreitung
Aaskrähe in fast ganz Europa und weiten Teilen Asiens

Aaskrähe/Rabenkrähe

Corvus corone corone

Die Rabenkrähe ist groß und „rabenschwarz". Vom Kolkraben (s. Seite 95) unterscheidet sie sich durch die um rund 20 cm geringere Größe, von der Saatkrähe (s. rechte Seite) durch die schwarze Schnabelwurzel (Saatkrähe mit heller Schnabelwurzel). Östlich an das Verbreitungsgebiet der Rabenkrähe schließt sich das der Nebelkrähe (*Corvus corone cornix*) an. Vögel dieser zweiten Unterart der Aaskrähe wandern im Winter nach Westen und tauchen dann verstärkt in Mitteleuropa auf. Man kann sie leicht an dem grauen Rücken und Bauch erkennen (s. Grafik). Die Aaskrähe sieht man paarweise oder in kleinen Trupps, aber nie in großen Schwärmen.

Nebelkrähe

Saatkrähe
Corvus frugilegus

Die Saatkrähe hat es gerne gesellig. Im Winter sieht man sie fast nur in mehr oder weniger großen Trupps. Und an den regelmäßig aufgesuchten Schlafplätzen kommen oft Hunderte oder gar Tausende von Vögeln zusammen. Zur Brutzeit lösen sich diese Trupps aber nicht etwa auf, vielmehr brüten Saatkrähen auch stets zusammen mit Artgenossen in hohen Bäumen (s. Grafik). Die Brutkolonien können nur einige wenige Paare umfassen, aber auch mehrere hundert (maximal mehrere tausend). Erkennen kann man diese Krähe an der hellen Schnabelwurzel.

Brutkolonie

▶ < Ente
▶ **48 cm lang**
▶ **Teilzieher und Wintergast**

▶ **Merkmale**
durchgehend schwarz im Gefieder, je nach Beleuchtung leicht glänzend; Schnabelwurzel bei Altvögeln hell, bei Jungvögeln dunkel – Geschlechter gleich gefärbt

▶ **Vorkommen**
offene Landschaften; außerhalb der Brutzeit umherstreifend

▶ **Verbreitung**
mittleres und südliches Europa bis weit in das mittlere Asien hinein

- ~ Taube
- 33 cm lang
- Teilzieher und Wintergast

- **Merkmale**
  bis auf den grauen Hinterkopf einfarbig schwarz im Gefieder – Geschlechter gleich gefärbt

- **Vorkommen**
  offene Landschaft, Feldgehölze, Parks; auch Steinbrüche, Burgen und Ruinen, Städte

- **Verbreitung**
  mittleres und südliches Europa bis weit in das mittlere Asien hinein

Dohle
Corvus monedula

Dohlen – recht kleine Rabenvögel – sind schnelle, gewandte Flieger und lebhafte Fußgänger. Meist trifft man die Vögel in Gemeinschaft mit Artgenossen an (s. Grafik). Sie bilden auch große Trupps und treten bisweilen vergesellschaftet mit Krähen auf, von denen sie

Dohlenschwarm

sich durch die geringere Größe, den grauen Nacken und die typischen „kjack"-Rufe unterscheiden. Dohlen nisten an allen möglichen Stellen – in Baumhöhlen, Felsspalten, Löchern in Erdwänden, alten Nestern von Saatkrähen, auf Kirchtürmen, in Schornsteinen oder auch in Nistkästen.

Elster
Pica pica

Schwarz-weiß im Gefieder
und ein sehr langer,
gestufter Schwanz –
die Bestimmung
der Elster bereitet
keine Probleme.
Ihr Flug ist flat-
ternd, und am Boden
hüpft sie herum, während
die Krähen einen Fuß vor
den anderen setzen. Auch
die Rufe der Elster lassen sich
leicht merken. Das auffällige
„schack-schack-schack" klingt,
als ob man eine halbvolle Steichholzschachtel schüt-
teln würde. Das Nest der Elster ist ein sparriger,
kugel- oder eiförmiger Bau mit seitlichem Eingang
(s. Grafik). Als Kulturfolger trifft man die Elster
immer mehr auch mitten in Städten an.

Elster beim Nestbau

▸ **< Ente**
▸ **46 cm lang**
▸ **Jahresvogel**

▸ **Merkmale**
Gefieder schwarz und
weiß, je nach Beleuchtung
mit metallisch-blaugrü-
nem Glanz, Jungvögel
noch ohne Glanz – Ge-
schlechter gleich gefärbt

▸ **Vorkommen**
offenes Gelände mit
Baumgruppen, Feld-
gehölze, Parks und Gärten

▸ **Verbreitung**
fast ganz Europa, weite
Teile Asiens, Teile Nord-
afrikas und Nordamerikas

Eichelhäher
Garrulus glandarius

Der Eichelhäher ernährt sich von Früchten und Samen, aber auch von Insekten, kleinen Wirbeltieren und den Eiern und Jungen von Singvögeln. Als Wintervorrat vergraben die Häher Nüsse, Eicheln (Name!) und Bucheckern zwischen Wurzeln und Laub oder verstecken sie in der Rinde von Bäumen. Da die Vögel nur einen geringen Teil ihrer Vorräte wiederfinden, leisten sie einen wichtigen Beitrag zur Naturverjüngung in den Wäldern. Auf die Anwesenheit des Eichelhähers wird man leicht durch sein lautes „Rätschen" aufmerksam, seine wirklich typische Warnung bei Störungen.

fliegender Eichelhäher

- ~ Taube
- 34 cm lang
- Teilzieher

Merkmale
Gefieder rötlich-braun; feine schwarze Fleckenstreifen auf dem Kopf, schwarzer Bartstreif; Flügel schwarz mit weißem Feld und blau-schwarz gestreiften Federn am Bug; Bürzel weiß; Schwanz schwarz – Geschlechter gleich gefärbt

Vorkommen
Parks, Feldgehölze und Wälder (vor allem Laub- und Mischwälder)

Verbreitung
mittleres und südliches Europa, Teile des mittleren Asiens und Nordafrikas

Tannenhäher
Nucifraga caryocatactes

Der Tannenhäher ist etwas kleiner als der Eichelhäher und an der Färbung leicht zu bestimmen.
Auch er versteckt Nüsse und Nadelbaumsamen
(Name!) als Wintervorrat, findet sie jedoch mit
80 %iger Sicherheit wieder. Tannenhäher leben in
den Nadelwäldern der Gebirge (Alpen), wobei sie im
Winter in tiefere Lagen aus-
weichen und dann auch in
Bergdörfern anzutreffen
sind. Im übrigen Mittel-
europa tauchen im Winter
bisweilen invasionsartig
Tannenhäher aus Sibi-
rien auf. Diese Vögel
haben einen etwas länge-
ren und dünneren Schna-
bel als die der Alpen und
lassen sich oft aus nächster
Nähe beobachten.

fliegender Tannenhäher

- ~ **Taube**
- **32 cm lang**
- **Jahresvogel**

- **Merkmale**
  Gefieder schokoladen-
  braun, weiß getüpfelt;
  Flügel fast schwarz; weiße
  Unterschwanzdecken und
  weiße Endbinde am
  Schwanz – Geschlechter
  gleich gefärbt

- **Vorkommen**
  Nadelwälder im Gebirge
  und im Norden

- **Verbreitung**
  Gebirge Mitteleuropas,
  südliches Skandinavien,
  nördliches Asien und
  Gebirge des südlichen
  Asiens

- > Taube
- 38 cm lang
- Jahresvogel

- **Merkmale**
  Gefieder schwarz; geboge-
  ner, gelber Schnabel und
  rote Beine – Geschlechter
  gleich gefärbt

- **Vorkommen**
  in den Alpen überall oberhalb der Baumgrenze

- **Verbreitung**
  Hochgebirge Mittel- und
  Südeuropas, Klein- und
  Zentralasiens, Nordwest-
  afrikas

Alpendohle
Pyrrhocorax graculus

Die hähergroßen,
schwarzen Alpendoh-
len halten sich oft
scharenweise in der
Nähe von Berg-
gasthöfen und
Almhütten auf.
Dort suchen sie
an den Abfall-
haufen nach

Alpenkrähe

Nahrung, oder sie lassen sich von Bergwanderern
füttern. Dabei hört man klirrende, hell trillernde und
metallische Rufe. Die Alpendohle brütet kolonieweise in Felsspalten. Ein volles Gelege umfaßt drei
bis fünf Eier; es wird eine Brut im Jahr aufgezogen.
Eine ganz ähnliche Art ist die Alpenkrähe (*Pyrrhocorax pyrrhocorax*), die aber einen gebogenen, roten
Schnabel hat (s. Grafik). Sie läßt sich am besten an
den Küsten Großbritanniens beobachten.

Kolkrabe

Corvus corax

Der ungeübte Naturfreund mag den Kolkraben mit den Krähen verwechseln, etwa mit der ebenfalls durchgehend schwarzen Rabenkrähe (s. Seite 88). Eindeutige Merkmale sind aber die Größe, der keilförmige Schwanz (s. Grafik) und die tiefen „korrrk"-Rufe (Name!). Aus der Nähe fällt außerdem der klotzige Schnabel auf. In Mitteleuropa trifft man den Kolkraben schwerpunktmäßig in den Alpen an und dort bis in höchste Lagen. Der große Horst steht auf hohen Bäumen oder in Felswänden. Die Raben sind Standvögel, streifen aber außerhalb der Brutzeit oft weit umher.

fliegender Kolkrabe

▶ **> Ente**
▶ **64 cm lang**
▶ **1,20 m Spannweite**
▶ **Jahresvogel**

▶ **Merkmale**
Gefieder schwarz; keilförmiger Schwanz – Geschlechter gleich gefärbt

▶ **Vorkommen**
locker bewaldete Landschaften, vom Hochgebirge über Mittelgebirge bis Tundra und Meeresküsten

▶ **Verbreitung**
vom nördlichen Skandinavien, von Schottland und Island bis weit nach Süden zum Südrand der Sahara; darüber hinaus fast ganz Asien und Nordamerika

▸ **Kennart**
▸ 31–34 cm lang
▸ Jahresvogel

▸ **Merkmale**
Felsentaube: Gefieder grau; zwei schwarze Flügelbinden; weißer Bürzel; Halsseiten glänzend grün und lila gefärbt, Schnabel schwärzlich mit weißer Wachshaut – Geschlechter gleich gefärbt

▸ **Vorkommen**
Felsentaube an Felsküsten, aber auch an Felswänden im Binnenland; Haustaube in Städten

▸ **Verbreitung**
Haustaube heute weltweit

Felsentaube/Haustaube
Columba livia f. *domestica*

Die Felsentaube ist die Stammform unserer Haustaube. Und während manche Haustauben in der Färbung noch sehr Felsentauben gleichen, weichen die meisten mehr oder weniger stark von der Wildform ab. Es gibt rotbraune, schwarze und weiße Formen. Haustauben leben heute überall in Städten und Dörfern, nisten auf Dachbalken, Fensterbänken und in Mauernischen an Gebäuden und ziehen meist mehrere Bruten im Jahr auf. Die Vögel sind vielerorts zu einer regelrechten Plage geworden, die man mit unterschiedlichen Methoden bekämpft.

Ringeltaube

Felsentaube

Ringeltaube

Ringeltaube
Columba palumbus

Die Ringeltaube
ist die größte
europäische
Taubenart
und an den
weißen Hals-
flecken und
vor allem den
weißen Flügel-

zehn Tage alter Jungvogel

binden (Name!) leicht zu bestimmen (s. Grafik linke
Seite). Im Frühjahr kann man den auffälligen Balzflug beobachten. Dabei steigt der Tauber 20–30 m
hoch und gleitet dann mit gestreckten Flügeln und
gespreiztem Schwanz abwärts; vor der Gleitphase
hört man häufig ein Flügelklatschen. Der Balzflug
wird oft zwei- bis fünfmal wiederholt. Das Nest ist
ein schlampiger Bau aus dünnen Reisern. Die Jungen (s. Grafik) werden zunächst mit einer besonderen Kropfmilch ernährt.

- > Taube
- 40–42 cm
- Teilzieher und Durchzügler

- **Merkmale**
  Oberseite grau, Unterseite
  rötlich-grau; weiße Flecken
  an den Halsseiten und
  weiße Flügelbinden – Geschlechter gleich gefärbt

- **Vorkommen**
  Wälder und Feldgehölze,
  Parks, Friedhöfe und große
  Gärten; immer mehr in
  Städten

- **Verbreitung**
  mittleres und südliches
  Europa, Teile des mittleren
  Asiens und Nordafrikas

- ~ Taube
- 34 cm lang
- Sommervogel
  (März bis Oktober)

- **Merkmale**
  Gefieder blaugrau, röt-
  licher Anflug auf der Brust;
  grün bis purpurrot schil-
  lernde Flecken am Hals;
  zwei schwarze Flügelbinden; schwarze Schwanz-
  endbinde – Geschlechter
  gleich gefärbt

- **Vorkommen**
  Parks mit altem Baum-
  bestand, Laub-, Misch-
  und Kiefernwälder

- **Verbreitung**
  mittleres und südliches
  Europa, Teile des mittleren
  Asiens und Nordafrikas

Hohltaube
Columba oenas

Die Hohltaube ist ein
Höhlenbrüter (Name!).
Sie bezieht vor allem die
verlassenen Baumhöhlen
vom Schwarzspecht,
nimmt aber auch Nist-
kästen an. An der
Nordseeküste brü-
ten Hohltauben
auch in Kaninchen-
bauen. Sie konkur-
rieren dort also bisweilen mit der
Brandgans (s. Seite 177) um Wohn-
raum. Außerhalb der Brutzeit sieht man
die Hohltaube auf Feldern, die mit Gebüschgruppen,
Hecken und Feldgehölzen aufgelockert sind. Sie tritt
dann auch in größeren Trupps auf, oft vergesellschaftet mit anderen Taubenarten, vor allem Ringel- und
Haustauben.

fliegende
Hohltaube

98

Türkentaube
Streptopelia decaocto

Diese kleinste einheimische Taube ist noch gar nicht so lange in Mitteleuropa zu Hause. Erst vor einigen Jahrzehnten ist sie von Asien über Südosteuropa (Name!) eingewandert. Heute kann man die Türkentaube überall in Städten und Dörfern beobachten. Besonders der Balzflug mit den wenigen raschen Flügelschlägen und der anschließenden Gleitphase fällt auf.
Eine noch etwas kleinere Art ist die Turteltaube (*Streptopelia turtur*). Man erkennt sie an den oberseits dunkel gefleckten Flügeln, dem hinten weiß gesäumten Schwanz und dem schnellen Flug (s. Grafik).

▶ ~ Taube
▶ 31–33 cm lang
▶ Jahresvogel

▶ **Merkmale**
Gefieder sandbraun; Kopf und Unterseite blasser als Oberseite; schwarzer, weiß eingefaßter Nackenring; Schwanz auf der Unterseite schwarz mit weißer Endbinde – Geschlechter gleich gefärbt

▶ **Vorkommen**
Dörfer und Städte, ursprünglich Steppe mit Gehölzgruppen

▶ **Verbreitung**
weite Teile Europas, des südlichen Asiens und Nordafrikas

Türkentaube

Turteltaube

- ~ Taube
- 32–34 cm lang
- Sommervogel
  (April bis September)

- **Merkmale**
  Oberseite und Kehle blaugrau, Unterseite weißlich,
  dunkel gebändert;
  Schwanz dunkler, mit
  weißen Flecken und am
  Ende abgerundet – Ge-
  schlechter gleich gefärbt

- **Vorkommen**
  Parks und Wälder; offene
  Landschaft mit Busch-
  gruppen, Hecken und
  Feldgehölzen

- **Verbreitung**
  weite Teile Europas, Asiens
  und Afrikas (Ausnahme:
  Sahara und Kongobecken)

Kuckuck
Cuculus canorus

Der Kuckuck
ist einer der
vielen Vögel,
die ihren Na-
men auf Grund
ihrer Stimme
bekommen haben.
Das zweisilbige, gele-
gentlich auch dreisil-
bige „kuckuck" ist wohl

braun gefärbtes Weibchen

der bekannteste europäische Vogellaut überhaupt.
Der Kuckuck baut kein eigenes Nest, sondern über-
läßt das Bebrüten der Eier und die Jungenaufzucht
anderen Vögeln (z. B. Bachstelzen, Rohrsängern oder
Grasmücken). Man spricht von einem Brutschmarot-
zer bzw. nennt dieses Phänomen Brutparasitismus.
Neben den überwiegend blaugrau gefärbten Vögeln
treten gelegentlich braune auf („braune Morphe",
meist Weibchen, s. Grafik).

Ziegenmelker
Caprimulgus europaeus

Tagsüber sitzt der Ziegenmelker am Boden oder in Längsrichtung auf Ästen, und bei seiner perfekten Tarnfärbung ist er sehr schwer zu entdecken. Erst in der Dämmerung wird der Vogel aktiv (daher der Name Nachtschwalben der Vogelfamilie!). Er hat einen Schnabel, der sich unglaublich weit öffnen läßt und sich damit sehr gut zum Fangen von Insekten in der Luft eignet. Es ist also nichts mit dem nächtlichen Melken von Ziegen, das die Menschen früher dem Vogel auf Grund seiner verborgenen Lebensweise zugeschrieben haben! Der Gesang des Männchens besteht aus einem lange anhaltenden, monotonen Schnurren.

fliegender Ziegenmelker

> Amsel

> 26 – 28 cm lang

> Sommervogel (April bis Oktober)

> **Merkmale**
Oberseite bräunlich, rindenfarbig, Unterseite bräunlich, eng gebändert; weiße Flecken an den Flügelenden und am Schwanzende – Weibchen ohne die weißen Flecken an Flügeln und Schwanz

> **Vorkommen**
Heidegebiete und lichte Kiefernwälder

> **Verbreitung**
mittleres und südliches Europa bis weit nach Asien hinein, Teile Nordafrikas

101

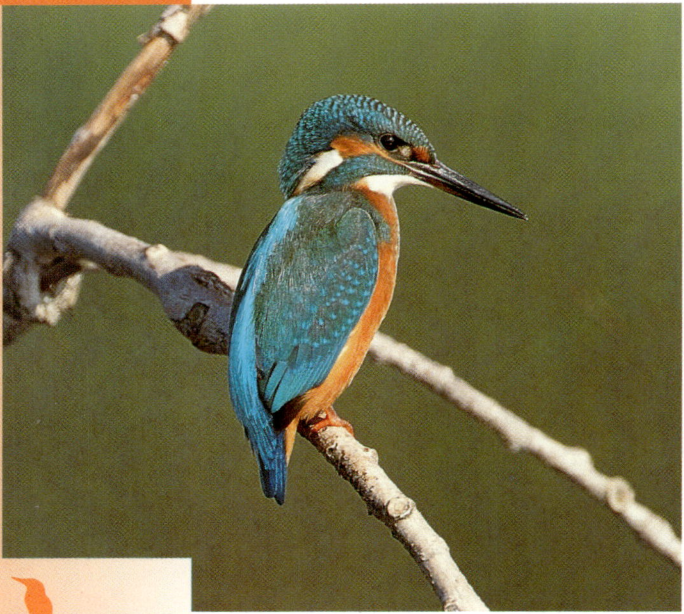

- > Sperling
- 16 – 17 cm lang
- Teilzieher

- **Merkmale**
  Oberseite je nach Lichteinfall blau oder türkisfarben, metallisch glänzend; Kehle weiß, Hals mit weißem Fleck, Kopfseiten und Unterseite rostbraun - Geschlechter gleich gefärbt

- **Vorkommen**
  an klaren Bächen, Flüssen, Weihern und Seen

- **Verbreitung**
  mittleres und südliches Europa und Asien, Teile Nordafrikas

Eisvogel
Alcedo atthis

Wer den leuchtend blaugrünen Eisvogel mit raschen Flügelschlägen in gerader Linie über das Wasser fliegen sieht, wird über die Farbenpracht erstaunt sein. Auffällig an dem gedrungen gebauten Vogel ist auch der lange, kräftige Schnabel, mit dem er seine Beute (vor allem kleine Fische) fängt. Beim Beutefang stürzt sich der Eisvogel von einem Ast oder aus dem Rüttelflug heraus senkrecht ins Wasser („Stoßtauchen"). Zum Brüten gräbt er bis zu 1 m lange Höhlen in Erdwände am Ufer der Wohngewässer. Sinnvolle Hilfen sind die Erhaltung und Neuanlage von Brutwänden.

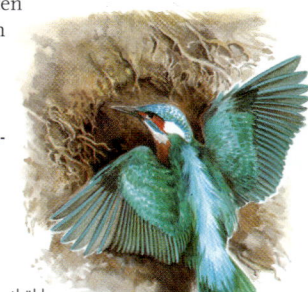

Altvogel landet an Bruthöhle.

Wiedehopf
Upupa epops

Der Wiedehopf hat ein unverwechselbar auffälliges Gefieder. Seine Haube („Indianerkopfschmuck") stellt er allerdings nur auf, wenn er erregt ist. Auch der träge wirkende wellenförmige Flug und die Stimme, ein dumpfes, aber weithin hörbares „pu-pu-pu", sind typisch. Seine Nahrung (vor allem Heuschrekken und andere Insekten) sucht der Wiedehopf am Boden. Er brütet meist in Baumhöhlen, nimmt aber auch Mauerlöcher und Steinhaufen als Nistplatz an. Die jungen Wiedehopfe können sich wirksam verteidigen, indem sie Eindringlingen gezielt Kot entgegenspritzen.

fütternder
Altvogel

▶ ~ Amsel
▶ 26 – 28 cm lang
▶ **Sommervogel (April bis September)**

▶ **Merkmale**
Gefieder orangebraun; Flügel und Schwanz schwarz und weiß quergebändert; am Kopf aufstellbare Federhaube mit schwarzen Spitzen - Geschlechter gleich gefärbt

▶ **Vorkommen**
Parklandschaften, Wiesen mit eingestreutem Obstbaumbestand, offene Waldungen

▶ **Verbreitung**
mittleres und südliches Europa und Asien, weite Teile Afrikas

- < Amsel
- 22–23 cm lang
- Jahresvogel

Merkmale
oberseits schwarz; weiße Schulterflecken; weiße Bänderung in den Flügeln; unterseits weißlich; am Schwanzansatz rot – Männchen mit rotem Hinterkopf – Weibchen ohne Rot am Kopf – Jungvögel mit rotem Scheitel

Vorkommen
große Gärten, Parks, Feldgehölze, Laub-, Misch- und Nadelwälder

Verbreitung
fast ganz Europa, weite Teile des mittleren und nördlichen Asiens, Teile Nordafrikas

Buntspecht, Großer Buntspecht
Dendrocopos major

Spechte können hervorragend an Bäumen klettern. Dabei helfen ihnen die Füße mit den zwei nach vorne und zwei nach hinten gerichteten Zehen sowie der Stützschwanz. Mit dem Meißelschnabel zimmern sie sich ihre Bruthöhlen in die Stämme. Bei den „bunten Spechten" – es gibt mehrere Arten in Europa – ist auf die unterschiedliche Verteilung von Schwarz, Weiß und Rot im Gefieder zu achten. Der Mittelspecht (*Dendrocopos medius*) etwa gleicht in der Rückenzeichnung dem Buntspecht, hat aber – wie der Kleinspecht (s. rechte Seite) – eine durchgehend rote Kopfplatte (s. Grafik).

Mittelspecht

Kleinspecht
Dendrocopos minor

Der Kleinspecht ist der kleinste europäische Specht (Name!) und sichtbar kleiner als der Buntspecht. Vor allem aber fehlen ihm die großen, weißen Schulterflecken, wie sie Bunt- und Mittelspecht (s. linke Seite) aufweisen. Seine „kick"-Rufe klingen ähnlich wie die Buntspechtrufe; man hört vom Kleinspecht aber auch eine helle „ki-ki-ki"-Reihe. Auch er trommelt, um sein Revier zu markieren; 14- bis 19mal in der Minute erklingen je bis zu 30 Schläge. Der Kleinspecht fliegt wellenförmig, wie es auch für die anderen Spechte typisch ist.

fliegender Kleinspecht

▶ ~ Sperling
▶ 14–15 cm lang
▶ Jahresvogel

▶ **Merkmale**
Oberseite schwarz, weiß quergebändert, Unterseite weißlich; Flanken längsgestreift – Männchen und Jungvögel mit schwarz eingefaßtem, rotem Scheitel – Weibchen ohne Rot am Kopf

▶ **Vorkommen**
große Gärten, Parks, Obstbaumbestände, Laub- und Mischwälder, Weichholzbestände

▶ **Verbreitung**
fast ganz Europa, weite Teile des mittleren und nördlichen Asiens, Teile Nordafrikas

- ~ Taube
- 31–33 cm lang
- Jahresvogel

Merkmale
Oberseite kräftig olivgrün; Bürzel gelblich; Unterseite graugrün; rote Kopfplatte – Männchen mit breitem, rotem, schwarz eingefaßtem Bartstreif – Weibchen mit einfarbig schwarzem Bartstreif

Vorkommen
Parkanlagen, Streuobstwiesen, Feldgehölze, Wälder mit Anteil an offenen Flächen

Verbreitung
mittleres und südliches Europa, Teile Vorderasiens

Grünspecht
Picus viridis

Grün- und Grauspecht (s. rechte Seite) sind sogenannte Erdspechte, die häufig am Boden ihre Nahrung (Ameisen und deren Entwicklungsstadien) suchen. Dabei hüpfen sie oft kraftvoll umher, der Grünspecht bis 25 cm weit. Beide Arten fressen neben Ameisen auch Beeren. Typisch für den Grünspecht ist das laute, schallende „glü-glü-glü-glü-glü", das gegen Ende hin etwas leiser wird. Diese „Lachstrophe" hat die Funktion, das Brutrevier akustisch zu markieren. Im Gegensatz zu anderen Spechten trommelt der Grünspecht nur selten und wenn, dann nur schwach und nicht regelmäßig.

Männchen

Weibchen

Grauspecht
Picus canus

Der Grauspecht ist ganz ähnlich wie der Grünspecht gefärbt, aber deutlich kleiner, und auch seine Stimme unterscheidet sich. Die Strophe klingt weniger schallend, fällt zum Ende hin in der Höhe ab und wird langsamer. Pfeift man diese Strophe (möglichst naturgetreu) nach, so läßt sich der Vogel anlocken. Im Gegensatz zum Grünspecht trommelt der Grauspecht anhaltend. Dabei erfolgen 20mal pro Minute 20 – 40 Schläge hintereinander (= 1 – 2 s). Das Trommeln dient – wie die Stimme – der Reviermarkierung und ist schon ab Ende Januar zu hören. Außerhalb der Brutzeit verhält sich der Grauspecht ruhig, so daß der Vogel dann oft übersehen wird.

Männchen

Weibchen

▶ > Amsel

▶ 25 – 26 cm lang

▶ Jahresvogel

▶ **Merkmale**
Gefieder olivgrün mit grauem Kopf und Hals; breiter schwarzer Streifen vom Auge zur Schnabelwurzel und schmaler, schwarzer Bartstreif – Männchen mit rotem Vorderscheitel – Weibchen ohne Rot am Kopf

▶ **Vorkommen**
Parks, Obstbaumbestände, Feldgehölze und Laubwälder mit offenen Flächen

▶ **Verbreitung**
mittleres Europa, Teile des mittleren Asiens und Südostasiens

▶ < Ente
▶ 45–47 cm lang
▶ Jahresvogel

▶ **Merkmale**
Gefieder einfarbig schwarz; Augen und Schnabel gelb – Männchen mit roter Kopfplatte – Weibchen lediglich mit rotem Hinterkopf

▶ **Vorkommen**
alte Baumbestände in Nadel- und Mischwäldern, aber auch in reinen Laubwäldern

▶ **Verbreitung**
mittleres, nördliches und südöstliches Europa, weite Teile des mittleren Asiens

Schwarzspecht
Dryocopus martius

Auf die Anwesenheit des Schwarzspechtes weisen entfernte, klagende „kliöh"-Rufe oder bei der Nahrungssuche zerhackte morsche Baumstümpfe im Wald hin. Der krähengroße und damit bei weitem größte europäische Specht sucht dort nach Ameisen, Borkenkäfern und anderen Kleintieren. Seine Bruthöhle zimmert der Schwarzspecht meist in 8 – 15 m (im Höchstfall 25 m) Höhe in 80- bis 100jährige Buchen oder Kiefern mit Stammdurchmessern von mehr als 35 cm. Als Nachmieter beziehen Hohltauben (s. Seite 98) oder Rauhfußkäuze (s. Seite 128) die großen Höhlen.

Männchen

Weibchen

Wendehals
Jynx torquilla

Mit seinem rindenfarbigen Tarngefieder erinnert der Wendehals kaum an die Spechte, mit denen er nah verwandt ist. Er klettert auch nicht an Baumstämmen, sondern hält sich am Boden oder im Geäst von Bäumen auf. Bei Gefahr erstarrt er und verläßt sich auf seine Tarnung (s. Grafik). In anderen beunruhigenden Situationen dreht er den Kopf rechtwinklig zur Seite, was ihm wohl seinen Namen eingetragen hat. Auf den Vogel wird man am ehesten durch seinen näselnden, wie „wäh-wäh-wäh" klingenden Gesang aufmerksam, der allerdings nur zur Brutzeit zu hören ist.

Tarnstellung

> ▸ > Sperling
> ▸ 16–17 cm lang
> ▸ **Sommervogel (April bis September)**

▸ **Merkmale**
Gefieder braun, rindenfarbig; Oberseite braun und schwarz marmoriert, Unterseite fein gesperbert – Geschlechter gleich gefärbt

▸ **Vorkommen**
große Gärten, Parks, Streuobstwiesen, Feldgehölze, Laub- und Mischwälder mit aufgelockertem Baumbestand

▸ **Verbreitung**
mittleres und südliches Europa, weite Teile des mittleren Asiens

109

- ~ Ente
- 51–57 cm lang
- 1,13–1,28 m Spannweite
- Teilzieher

- **Merkmale**
  Gefiederfärbung sehr variabel, überwiegend: Oberseite braun, Unterseite mit viel Braun; Schwanz eng dunkel quergebändert

- **Vorkommen**
  Nahrungssuche in der offenen Landschaft, Brut in Feldgehölzen und Wäldern

- **Verbreitung**
  fast ganz Europa und mittleres Asien

Mäusebussard
Buteo buteo

Der Mäusebussard ist – zusammen mit dem Turmfalken – der häufigste mitteleuropäische Greifvogel. Im Flug ist er an dem kurzen Hals, den breiten, an den Enden abgerundeten Flügeln und dem relativ kurzen, gerundeten Schwanz zu erkennen (s. Grafik). Auch die miauenden „hiäh"-Rufe sind typisch. Im Winter kann man in Mitteleuropa allerdings auch den aus

fliegender Mäusebussard

dem Norden zuwandernden Rauhfußbussard (s. Seite 206/207) beobachten. Bei ihm fallen der weiße Schwanz mit der dunklen Endbinde auf, im Flug auch die hellen Flügelunterseiten mit den kräftigen dunklen Flecken am Bug.

Wespenbussard
Pernis apivorus

Man kann diesen Vogel durchaus mit dem nah verwandten Mäusebussard verwechseln. Beide Arten variieren in der Gefiederfärbung sehr stark. Bei fliegenden Wespenbussarden sieht man aber als wichtigste Unterschiede eine dunkle Bänderung unter den Fügeln und dunkle Binden im Schwanz (s. Grafik). Von Wespen ernährt sich der Greifvogel tatsächlich, aber auch von Bienen, Hummeln und anderen Insekten (Name!). Weil er seine Nahrung aus dem Boden gräbt und keine großen Brocken packen und festhalten muß, sind seine Krallen schwächer gekrümmt als bei verwandten Arten.

fliegender Wespenbussard

▶ ~ Ente

▶ 52 – 60 cm lang

▶ 1,35 – 1,50 m Spannweite

▶ **Sommervogel (April bis September)**

▶ **Merkmale**
Oberseite braun, Unterseite weißlich, dunkel gefleckt; Kopf schlank, grau; Schwanz mit zwei schmalen Querbinden und einer breiten Endbinde – Färbung insgesamt sehr variabel

▶ **Vorkommen**
abwechslungsreiche Landschaften, Waldränder und -lichtungen

▶ **Verbreitung**
mittleres und südliches Europa bis nach Asien hinein

111

- ▶ > Taube
- ▶ 28–38 cm lang
- ▶ 55–70 cm Spannweite
- ▶ Teilzieher

▶ **Merkmale**
Oberseite blaugrau, Unterseite weißlich, eng rostrot quergebändert („gesperbert"); Schwanz mit breiten, dunklen Querbinden – Weibchen größer; oberseits schwarzbraun, unterseits weißlich und schwarzbraun gesperbert

▶ **Vorkommen**
große Parks mit viel Baumbestand, Feldgehölze, Wälder

▶ **Verbreitung**
fast ganz Europa, mittleres Asien, Teile Nordafrikas

Sperber
Accipiter nisus

Beim Sperber ist das Männchen deutlich kleiner als das Weibchen. Im Flug fallen die relativ kurzen, an den Enden abgerundeten Flügel und der relativ lange, gerade Schwanz auf. Wenn Kleinvögel so eine Silhouette sehen, warnen sie. Oft kommt aber jede Warnung zu spät. Sperber sind nämlich ausgesprochen schnelle, wendige Jäger. Im Winter ziehen sie vermehrt in Dörfer und Städte, um dort Kleinvögel (bis Drosselgröße) zu jagen. Bisweilen kann man Sperber dann dabei beobachten, wie sie im schnellen Überraschungsangriff Beute machen und anschließend kröpfen.

Weibchen

Habicht
Accipiter gentilis

Ausgewachsene Habichte
sehen wie große Sperberweib-
chen aus (s. linke Seite); Jung-
habichte dagegen sind oberseits dunkelbraun, unterseits
weißlich und kräftig dunkel
gefleckt (s. Grafik). Entsprechend ihrer Größe sind
Habichte in der Lage, Vögel bis
etwa Fasanengröße und Säugetiere bis etwa Hasengröße zu
überwältigen. Daher trugen
sie früher den Namen Hüh-
nerhabicht und wurden abge-
schossen, wo man sie zu sehen
bekam. Auf ihr Konto schrieb man den Rückgang
jagbarer Tierarten, dessen Ursache aber hauptsächlich in negativen Veränderungen der Landschaft
liegt.

Jungvogel

▶ ~ Ente
▶ 48–62 cm lang
▶ 1,35–1,65 m Spannweite
▶ Teilzieher

▶ **Merkmale**
Oberseite schwarzbraun;
Unterseite hell, eng
schwarz-braun quergebän-
dert; heller Überaugen-
streif; kräftig gelbe Beine –
Geschlechter gleich ge-
färbt

▶ **Vorkommen**
Wälder in der Nachbar-
schaft zu offenem Ge-
lände, nicht im Inneren
dichter Bestände

▶ **Verbreitung**
fast ganz Europa, weite
Teile des mittleren und
nördlichen Asiens und
Nordamerikas

113

▶ ~ Ente
▶ 55–60 cm lang
▶ 1,60–1,80 m Spannweite
▶ **Sommervogel**
(März bis September)

▶ **Merkmale**
Oberseite schwarzbraun,
Unterseite braunrot; Kopf
graubraun; Schwanz
schwach gegabelt – Ge-
schlechter gleich gefärbt

▶ **Vorkommen**
bewaldete Hügelland-
schaft mit hohem Anteil
an Gewässern; anderswo
auch in trockeneren Le-
bensräumen

▶ **Verbreitung**
weite Teile Europas und
Asiens (mit Ausnahme des
Nordens), Afrika mit Aus-
nahme der Sahara

Schwarzmilan
Milvus migrans

Beobachtet man in Europa einen Greifvogel mit ein-
gekerbtem Schwanz, so kann es sich nur um eine
von zwei Arten handeln: um den Schwarzmilan oder
um den Rotmilan (s. Grafik und rechte Seite). Der
Schwarzmilan frißt Säugetiere und Vögel, aber auch
Aas. An Gewässern sucht er nach toten Fischen, die
er von der Wasseroberfläche oder
vom Ufer aufnimmt. Bisweilen
sammeln sich Schwarzmilane
auch in Gruppen an Müllkippen,
um dort nach freßbaren Abfäl-
len zu suchen. Sie treten
dann vergesellschaftet
mit Krähen und
Möwen auf, die sich
diese Nahrungs-
nische ebenfalls
erschlossen
haben.

fliegender Schwarzmilan

Rotmilan
Milvus milvus

Sowohl im Sitzen als auch im Flug läßt sich der Rotmilan an dem tief gegabelten Schwanz erkennen
(daher der volkstümliche Name Gabelweihe!). Sieht
man den Greifvogel in der Luft, fallen auch die hellen
Flügelfelder auf (s. Grafik). Diese fehlen dem nah
verwandten Schwarzmilan (s. linke Seite). Die
Milane sind gute Segelflieger, ihr Flug
wirkt aber schaukelnder, also viel
unruhiger als der der Bussarde.
Die „hiäh"-Rufe des Rotmilans
klingen allerdings ähnlich
wie die des Mäuse-
bussards. Der Rot-
milan ist in
Mitteleuropa
weniger stark an
Gewässer gebun-
den als der
Schwarzmilan.

fliegender Rotmilan

▶ **> Ente**
▶ **60 – 66 cm lang**
▶ **1,75 – 1,95 m Spannweite**
▶ **Teilzieher**

▶ **Merkmale**
Oberseite dunkel rotbraun
mit hellen Federsäumen,
Unterseite heller, mit
schwarzen Längsflecken;
Kopf graubraun; Schwanz
tief gegabelt – Geschlechter gleich gefärbt

▶ **Vorkommen**
bewaldete Hügelland-
schaft mit hohem Anteil an
Gewässern, etwa Flußtäler
mit Waldgebieten und
Hecken

▶ **Verbreitung**
mittleres und südliches
Europa, Kleinasien, Teile
Nordafrikas

- ~ Ente
- 48–56 cm lang
- 1,15–1,30 m Spannweite
- **Sommervogel (März bis Oktober)**

- **Merkmale**
  Männchen mit braunem Rücken und grauen Flügeln mit schwarzer Spitze; Unterseite rahmfarben mit braunen Flecken – Weibchen dunkelbraun mit rahmfarbener Oberseite des Kopfes und rahmfarbenen Schultern

- **Vorkommen**
  ausgedehnte Sumpfgebiete, größere stehende Gewässer

- **Verbreitung**
  mittleres und südliches Europa, mittleres Asien, Teile Nordafrikas

Rohrweihe
Circus aeruginosus

Weihen sind schlank gebaute, mittelgroße Greifvögel, die in elegantem Segelflug niedrig über die Landschaft gaukeln und dabei immer wieder überraschende Schwenks zeigen. Im Gleiten werden die Flügel flach V-förmig gehalten. Die Rohrweihe sieht man über freien Wasserflächen, aber auch über Wiesen jagen. Ihr Horst steht meist am Boden im Röhricht (Name!) in der Uferzone stehender Gewässer. Durch Verfolgung (Abschuß) und vor allem die Zerstörung von Feuchtgebieten ist diese Art im Laufe dieses Jahrhunderts in Mitteleuropa stark zurückgegangen.

fliegendes Weibchen

Kornweihe

Circus cyaneus

Zur Balzzeit zeigen die Kornweihen akrobatische Flugspiele, und die im Vergleich zur Rohrweihe unterschiedliche Färbung beider Geschlechter wird sofort deutlich. Durch den Verlust an Lebensraum ist die Weihe leider im Bestand sehr zurückgegangen. Ihr Nest steht zudem am Boden in Wiesen oder auch in Kornfeldern (Name!), und beim Mähen gehen immer wieder Gelege oder Jungvögel verloren. Etwa gleich groß wie die Kornweihe wird die sehr ähnliche Wiesenweihe (*Circus pygargus*). Diese Art hat schwarze Streifen in den Flügeln, dennoch sind Verwechslungen leicht möglich (s. Grafik).

Wiesenweihen-Männchen

Kornweihen-Männchen

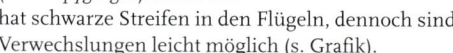

- ~ Ente
- 44–52 cm lang
- 1,00–1,20 m Spannweite
- Teilzieher, Durchzügler und Wintergast

- **Merkmale**
  Männchen grau; schwarze Flügelspitzen – Weibchen mit brauner Oberseite und hell ockerfarbener, dunkler braun gefleckter Unterseite – beide Geschlechter mit weißem Bürzel

- **Vorkommen**
  Heidegebiete, Moore, Dünen; jagt auch über Wiesen und Feldern

- **Verbreitung**
  in weiten Teilen Europas, des mittleren und nördlichen Asiens sowie Nordamerikas

- ► ~ Ente
- ► 55 – 58 cm lang
- ► 1,45 – 1,70 m Spannweite
- ► **Sommervogel**
  (April bis September)

- ► **Merkmale**
  Rücken dunkelbraun;
  Unterseite weiß; Kopf weiß
  mit dunkelbraunem Wan-
  genstreifen; Schwanz
  braun mit dunkler Quer-
  bänderung – Geschlechter
  gleich gefärbt

- ► **Vorkommen**
  größere Gewässer; Jagd über
  dem Wasser, Brut in gewäs-
  sernahem Baumbestand

- ► **Verbreitung**
  mittlere Breiten fast der
  gesamten Nordhalbkugel,
  gebietsweise in Afrika, Südostasien und Australien

Fischadler
Pandion haliaetus

Die mitteleuropäischen Bestände des Fischadlers
sind in den letzten Jahrzehnten stark zurückgegangen. Der Adler frißt fast ausschließlich Fische
(Name!), die an der Wasseroberfläche gegriffen werden (s. Grafik), und stellt damit einen Nahrungskon-
kurrenten des Menschen dar. Die Folge war lange
Zeit eine unablässige Verfolgung durch den Menschen (Abschuß, Sammeln der Eier); Gewässerverschmutzung und Störungen an den Brutplätzen
haben ein übriges zum Rückgang beigetragen.
Fliegende Fischadler
wirken sehr
hell, haben
dunkle Flek-
ken am Flü-
gelbug und
sind eindeu-
tig zu be-
stimmen.

jagender Fischadler

Seeadler
Haliaeetus albicilla

Der Seeadler ist der größte europäische Greifvogel. Sieht man ihn segeln, fallen die brettartig ausgestreckten Flügel auf (s. Grafik), aus der Nähe der klotzige, gelbe Hakenschnabel. Im Frühjahr zeigen die Adler in ihrem Revier Balzflüge, bei denen die Brutpartner oft im Duett rufen. Um die wenigen in Mitteleuropa verbliebenen Brutpaare zu erhalten, werden teilweise aufwendige Schutzmaßnahmen durchgeführt. Waldgebiete werden zur Brutzeit gesperrt, um Störungen zu vermeiden. Und stellenweise werden die Horstbäume auch mit Stacheldraht und elektronischen Warnanlagen gesichert.

fliegender Seeadler

▸ ~ Gans

▸ 70–95 cm lang

▸ 2,00–2,40 m Spannweite

▸ Teilzieher und Wintergast

▸ **Merkmale**
Gefieder braun; alte Vögel mit hellbraunem Kopf und weißem, keilförmigem Schwanz – Jungvögel mit dunkelbraunem Gefieder – Geschlechter gleich gefärbt

▸ **Vorkommen**
Felsküsten, Meeresbuchten, Binnengewässer

▸ **Verbreitung**
nördliches Nordeurasien südlich bis Klein- und Mittelasien, südwestliches Grönland

- ~ Gans
- 75–88 cm lang
- 2,04–2,20 m Spannweite
- Jahresvogel

- **Merkmale**
  Gefieder einfarbig dunkelbraun; Kopf bisweilen
  heller – Jungvögel mit
  weißen Flügelfeldern und
  weißer Schwanzwurzel –
  Geschlechter gleich ge-
  färbt

- **Vorkommen**
  Gebirge, andernorts auch
  flacheres Gelände mit
  offenen und bewaldeten
  Flächen

- **Verbreitung**
  weite Gebiete der Nord-
  halbkugel

Steinadler
Aquila chrysaetos

Der Steinadler ist trotz seines großen Verbreitungs-
gebietes ein ziemlich seltener Greifvogel. In Mitteleuropa ist der Adler praktisch nur in den Alpen zu
beobachten, wo man ihn in großer Höhe die Berg-
spitzen umkreisen sieht (s. Grafik). Um genügend
Nahrung für sich und ihre Jungen zu finden, benöti-
gen die großen Greifvögel entsprechend große Revie-
re. Sie jagen mittelgroße Säugetiere (z. B. Murmel-
tiere) und Vögel, ernähren sich im Winter
aber überwiegend von Aas (Fallwild). In
einem Steinadlerrevier stehen mehrere Horste, die im Wechsel
benutzt werden. Fast immer
sind sie in unzugängliche
Felswände gebaut.

fliegender Jungvogel

Gänsegeier
Gyps fulvus

Geier sind gefiederte Gesundheits-
polizisten. Sie fressen Aas und
haben deshalb
einen
nur
wenig
befieder-
ten Hals

fliegender Gänsegeier

und schwach ausgebildete Greiffüße. Am Morgen
muß erst warme Luft aufsteigen, bis die Vögel von
immer wieder benutzten Gemeinschaftsschlaf-
plätzen aus zu ihren Suchflügen aufsteigen können.
Dabei segeln sie mit brettartig gehaltenen Flügeln (s.
Grafik) in großen Höhen und halten mit ihren aus-
gezeichneten Augen nach toten Tieren am Boden
Ausschau. Gleichzeitig beobachten sie, was andere in
der Nähe kreisende Geier tun. Und so versammeln
sich an einem Aas innerhalb kurzer Zeit größere
Gruppen von Geiern.

▸ **> Gans**
▸ **0,95 – 1,05 m lang**
▸ **2,40 – 2,80 m Spannweite**
▸ **Übersommerer**

▸ **Merkmale**
Gefieder hellbraun; Flügel
am Hinterrand und
Schwanz am Ende
schwarzbraun; langer,
weißlich befiederter Hals
mit Krause – Geschlechter
gleich gefärbt – Jungvögel
insgesamt bräunlich

▸ **Vorkommen**
in Mitteleuropa in den
Alpen, andernorts auch im
Hügel- und Flachland

▸ **Verbreitung**
südliches Europa bis weit
nach Asien hinein, nord-
westliches Afrika

121

- ~ Taube
- 32 – 35 cm lang
- 50 – 60 cm Spannweite
- Teilzieher

Merkmale
Männchen mit grauem Kopf, dunkler Bartstreif; Rücken rotbraun, dunkel gefleckt; Flügel außen grauschwarz; Schwanz grau, schwarze Endbinde; Unterseite rahmfarben, dunkel gefleckt - Weibchen am Kopf bräunlich; Rücken und Schwanz rostbraun, dunkel gebändert

Vorkommen
offene Landschaft, Feldgehölze, Wälder; Städte

Verbreitung
fast ganz Europa, weite Teile Asiens und Afrikas

Turmfalke
Falco tinnunculus

Allgemein kann man Falken an dem schlanken Körperbau, den schmalen, spitzen Flügeln und dem langen, schmalen Schwanz erkennen. Der Turmfalke fällt oft dadurch auf, daß er rüttelnd in der Luft „steht", um aus dieser Position heraus

rüttelnder Turmfalke

Ausschau nach Mäusen zu halten (s. Grafik). Er nistet in alten Tauben- und Krähennestern, in Horsten von anderen Greifvögeln, in Felsspalten und Mauerlöchern, in Scheunen und auf Kirchtürmen (Name!). Der Vogel ist auch mitten in Städten zu beobachten und macht durch die typischen „kli-kli-kli"-Rufreihen auf seine Anwesenheit aufmerksam.

Wanderfalke
Falco peregrinus

Der Wanderfalke ist ein „Supervogel". Zum einen ist er annähernd weltweit verbreitet, zum anderen erreicht er im Sturzflug Geschwindigkeiten von bis zu 290 km/h. In Mitteleuropa tritt der Vogel leider nur noch selten auf; allerdings laufen erfolgreiche Wiedereinbürgerungsprogramme.

Wanderfalke

Baumfalke

Der mit 30 – 36 cm Länge deutlich kleinere Baumfalke (*Falco subbuteo*) sieht auf den ersten Blick ähnlich aus. Bei dieser Art ist die Brust aber nicht gesperbert, sondern längs gefleckt (s. Grafik). Und während der Wanderfalke größere Vögel im Flug jagt, stellt der Baumfalke vor allem Kleinvögeln und Insekten nach.

▸ > Taube
▸ 36 – 48 cm lang
▸ 0,95 – 1,10 m Spannweite
▸ Teilzieher

▸ **Merkmale**
Oberseite schiefergrau, Unterseite weißlich und auffällig dunkel quergebändert („gesperbert"); breiter dunkler Bartstreif - Weibchen wie Männchen gefärbt, aber deutlich größer

▸ **Vorkommen**
offene Landschaften mit geeigneten Brutfelsen, auch Landschaften mit geringem Baumbestand; Felsküsten, in Städten

▸ **Verbreitung**
alle Kontinente (ohne Antarktis)

- ▶ > Ente
- ▶ 60–75 cm lang
- ▶ 1,60–1,88 m Spannweite
- ▶ Jahresvogel

- ▶ **Merkmale**
  breiter Kopf mit waage-
  recht abstehenden Federohren; Ober- und Unterseite gelblichbraun, Oberseite dunkel gefleckt,
  Unterseite dunkel längsgefleckt bis gestreift –
  Geschlechter gleich ge-
  färbt

- ▶ **Vorkommen**
  gegliederte Landschaft mit
  Wäldern, offenen Flächen
  und Felswänden

- ▶ **Verbreitung**
  weite Teile Europas und
  Asiens, Nordafrika

Uhu
Bubo bubo

Eulen sind
dämmerungs-
und nachtak-
tive Beutegrei-
fer. Auffällig ist
der meist
große, weit
drehbare Kopf
mit den nach
vorne gerichteten

drohender Altvogel

Augen und dem Federschleier, der als Schallreflektor
dient. Die größte europäische Eule ist der Uhu, dessen Name sich von seinem Gesang ableitet. Man hört
in der Paarungszeit kurze, tiefe, wie „u-hu" klingende Elemente, die alle 8–10 s wiederholt werden.
Die Bestände des Uhus waren in Mitteleuropa stark
zurückgegangen; es laufen aber erfolgreiche Versu-
che zur Wiedereinbürgerung in geeigneten Gebieten.

Waldohreule
Asio otus

Die mittelgroße Waldohreule ist an der schlanken
Gestalt und den aufrecht stehenden Federohren am
Kopf gut zu erkennen. Mit dem Hörvermögen haben
diese Federbüschel aber nichts zu tun; die Öffnun-
gen der Gehörgänge liegen vielmehr seitlich am
Kopf. Insofern ist auch der Name „Ohr"eule irre-
führend. Waldohreulen sind noch einigermaßen
häufig zu beobachten. Im Winter
tauchen sie bisweilen regelmäßig an Ruheplätzen auf
Friedhöfen, in Parks und in
Gärten auf. Traditionelle
Tagesschlafplätze (meist
Bäume oder Baum-
gruppen) werden
von den Vögeln oft
jahrelang hinter-
einander benutzt.

Ästling

▶ **> Taube**

▶ **35 – 37 cm lang**

▶ **0,90 – 1,00 m Spannweite**

▶ **Jahresvogel**

▶ **Merkmale**
eckiger Kopf mit aufrecht
stehenden Federohren;
Oberseite gelblich, grau
und braun marmoriert,
Unterseite gelbbraun mit
dunkelbraunen ausgefran-
sten Streifen – Geschlechter gleich gefärbt

▶ **Vorkommen**
Parks, Feldgehölze und
Wälder (Nadelwälder)

▶ **Verbreitung**
weite Teile Europas, mittleres Asien, Nordamerika

125

- ▶ > Taube
- ▶ 37–39 cm lang
- ▶ 0,95–1,10 m Spannweite
- ▶ Teilzieher, Durchzügler und Wintergast

- ▶ **Merkmale**
  Gefieder hell gelbbraun; Oberseite hell und dunkel marmoriert, Unterseite kräftig dunkel gestreift; Augen gelb; schwarz umrandet – Geschlechter gleich gefärbt

- ▶ **Vorkommen**
  Moore, Heidegebiete, Dünen; außerhalb der Brutzeit auch auf Feldern

- ▶ **Verbreitung**
  mittleres und nördliches Europa, Asien, Nordamerika, südliches Südamerika

Sumpfohreule
Asio flammeus

Eulen sind zwar überwiegend in der Dämmerung und nachts aktiv, die Sumpfohreule sieht man aber auch häufig am Tag. Interessante Beobachtungen lassen sich zu Beginn der Brutzeit

fliegende Sumpfohreule

machen. Dann zeigt das Männchen seine Balzflüge, bei denen u. a. auch tiefe „bu-bu-bu"-Reihen vorgetragen werden. Häufig klatscht es auch mit den Flügeln – ein Instrumentallaut, wie er ebenfalls bei Tauben zu hören ist. Entsprechend dem bevorzugten Lebensraum (Name!) brütet diese Eule am Boden. Die Mulde ist mit nur wenig Nistmaterial ausgelegt und enthält sieben bis zehn weiße Eier.

Waldkauz
Strix aluco

Diese mittelgroße braune Eule läßt ihre typischen „hu-hu-u"-Strophen oder gellenden „kuwick"-Rufe oft schon im ausgehenden Winter hören. Sie brütet in großen Baumhöhlen oder entsprechend geräumigen Nistkästen, darüber hinaus auch in Felshöhlen, Ruinen und Scheunen, auf Dachböden und auf Kirchtürmen. Von einem Waldkauznest oder von den Jungen (s. Grafik) sollte man stets Abstand halten, denn bei Annäherung reagieren die Altvögel sehr aggressiv und greifen ohne Zögern auch einen Menschen an. Der robuste Kauz jagt Kleinsäuger und Vögel. Im manchen Gebieten erbeutet er auch kleinere Eulenarten und wird dann zu einem Problemvogel.

Ästling

▶ > Taube

▶ 37–39 cm lang

▶ 0,94–1,04 m Spannweite

▶ Jahresvogel

▶ **Merkmale**
Oberseite von rostbraun über gelblichbraun bis graubraun, mit weißen und dunklen Fleckenstreifen, Unterseite heller graubraun mit dunklen Fleckenstreifen – Geschlechter gleich gefärbt

▶ **Vorkommen**
Gärten, Friedhöfe und Parks mit altem Baumbestand, Wälder (lichte Altholzbestände)

▶ **Verbreitung**
Europa (mit Ausnahme des Nordens) bis nach Asien hinein, nordwestliches Afrika

Steinkauz
Athene noctua

- < Amsel
- 21 – 23 cm lang
- Jahresvogel

Merkmale
Oberseite dunkel grau-
braun, hell gefleckt und
gebändert, Unterseite
weißlich, mit graubraunen
Fleckenstreifen – Ge-
schlechter gleich gefärbt

Vorkommen
offene Landschaft mit
Kopfweiden, alte Obst-
baumbestände, Parks,
Steinbrüche und Dörfer

Verbreitung
mittleres und südliches
Europa und Asien, Teile
Nordafrikas

Der Steinkauz ist eine kleine und wendige Eule mit
breitem, flachem Kopf ohne Federohren und kurzem
Schwanz. Typisch sind auch die ruckartigen Bewegungen und die durchdringenden, wie „kwiu" klingenden Rufe. Durch den Wegfall alter Bäume hört
man diese Vogelstimme in
Mitteleuropa leider immer
seltener. Auch der nur
wenig größere Rauhfuß-
kauz (*Aegolius funereus,*
s. Grafik) ist im Be-
stand stark zurückge-
gangen. Er bewohnt
alte Nadelwälder und
benötigt zum Brü-
ten verlassene
Schwarzspecht-
höhlen – oder pas-
sende Nistkästen.

Rauhfußkauz

Schleiereule
Tyto alba

Die mittelgroße Schleiereule läßt sich von den anderen europäischen Eulenarten vor allem an dem herzförmigen Gesichtsschleier (Name!) und den langen Beinen unterscheiden (s. Grafik). Als Kulturfolger nistet sie in geräumigen, dunklen Nischen in Scheunen, Ruinen und auf Kirchtürmen. Auch Eulenkästen werden angenommen. Das Weibchen legt meist vier bis sieben weiße Eier. In sehr guten Mäusejahren legt es aber bis zu zwölf Eier, und dann kann es auch zu Zweitbruten kommen. In strengen Wintern dagegen wandern Schleiereulen verstärkt, um ausreichend Nahrung zu finden, viele Vögel verhungern aber dennoch.

jagende Schleiereule

▶ **~ Taube**
▶ **33–35 cm lang**
▶ **85–93 cm Spannweite**
▶ **Jahresvogel**

▶ **Merkmale**
Oberseite gelbbraun und grau, fein dunkel gesprenkelt, Unterseite weiß, hell gelbbraun oder sogar rostbraun – Geschlechter gleich gefärbt

▶ **Vorkommen**
Feldscheunen, Bauernhöfe, Dörfer und Städte; Jagd auf offenen Flächen

▶ **Verbreitung**
mittlere und südliche Breiten der Nordhalbkugel, fast gesamte Südhalbkugel

▶ < Taube
▶ 29–31 cm lang
▶ Jahresvogel

▶ **Merkmale**
Oberseite dunkelbraun, hell und dunkel gefleckt und gestreift; Unterseite grau, rotbraun gestreifte Flanken und kastanienbrauner, hufeisenförmiger Fleck am Bauch; Kehle und Schwanzecken rostbraun – Weibchen weniger klar in der Färbung; Bauchfleck kleiner

▶ **Vorkommen**
offene Kulturlandschaft

▶ **Verbreitung**
weite Teile Europas, Teile des mittleren Asiens

Rebhuhn
Perdix perdix

Das Rebhuhn brütet seit jeher in weiten Teilen Europas. Als typischer Kulturfolger konnte es sich auch in den landwirtschaftlich genutzten Gebieten

fliegender Hahn

zunächst recht gut halten. Heute jedoch sieht bzw. hört man den Hühnervogel mit seinem charakteristischen, etwas in die Länge gezogenen „kirreck" immer seltener. Die Intensivierung der Landwirtschaft ist wohl die wichtigste Ursache für den Rückgang. Vor allem die Beseitigung von Buschgruppen und Hecken führte dazu, daß die Vögel kaum mehr Deckung und Brutmöglichkeiten finden. Volle Gelege des Rebhuhns umfassen 10–20 blaßbräunliche Eier.

Wachtel
Coturnix coturnix

Wie alle Hühnervögel ist auch die kleine Wachtel ein guter Fußgänger. Um sich bei Gefahr in Sicherheit zu bringen, läuft sie eher in Deckung, als daß sie auffliegt. Ob Wachteln aber in einem Gebiet zu Hause sind, kann man anhand der überaus einprägsamen Stimme eindeutig feststellen. Der typische, dreisilbige „Wachtelschlag", der Reviergesang des Männchens, klingt wie „pick-per-wick". Der Bestand des kleinen Hühnervogels hat in den letzten Jahrzehnten deutlich abgenommen. Ein Faktor sind die negativen Veränderungen der Landschaft, ein anderer ist die Jagd, die während des Zuges und im Überwinterungsgebiet (Mittelmeerraum) stattfindet.

fliegende Wachtel

> ▶ > Sperling
> ▶ 16–18 cm lang
> ▶ **Sommervogel (April bis September)**

▶ **Merkmale**
Oberseite braun, hell und dunkel gefleckt und gestreift, Unterseite graubraun; Brust und Flanken gestreift; schwarze Streifen an Kopfseiten und Kehle – beim Weibchen Kopfzeichnung weniger markant

▶ **Vorkommen**
abwechslungsreiche Kulturlandschaft, Brachland, Steppen

▶ **Verbreitung**
mittleres und südliches Europa und Asien, Teile Nordafrikas, südliches Afrika

131

> Ente
53 – 89 cm lang
Jahresvogel

Merkmale
Hahn mit buntem, schillerndem Gefieder, in dem Rotbraun vorherrscht; schillernd grüner Kopf mit roter Hautpartie um die Augen herum und oft einem weißen Halsring – Henne mittelbraun im Gefieder; dunkel gefleckt und gestreift

Vorkommen
offene Landschaft mit Hecken und Feldgehölzen

Verbreitung
ursprünglich in Asien beheimatet; heute in sehr vielen Teilen der Welt eingebürgert

Fasan
Phasianus colchicus

Der Fasan ist kein „echter" Mitteleuropäer, er wurde vielmehr eingebürgert, wenn die ersten Vögel bei uns auch schon vor Jahrhunderten ausgesetzt wurden. Bei Gefahr versuchen sich auch diese Hühnervögel zunächst zu Fuß in Sicherheit zu bringen. Dann aber fliegen sie doch polternd auf und rufen dabei laut „gock-gock". Meist fallen die Vögel nach kurzem Flug mit abwechselnden Schlag- und Gleitphasen wieder ein. Zur Balzzeit (ab Mitte März) zeigen die Hähne Flattersprünge und Rivalenkämpfe, die interesssant zu beobachten sind.

Henne

Steinhuhn
Alectoris graeca

Das Steinhuhn wird etwas größer als das Rebhuhn, sieht völlig anders aus und kommt auch in einem ganz anderen Lebensraum vor. Einzeln oder in kleinen Trupps trifft man das Steinhuhn in den Alpen in Höhen zwischen etwa 1.600 m und 2.000 m an. Die Vögel legen im Latschengestrüpp oder unter überhängenden Felsen ihre Nester an, die nicht mehr sind als mit etwas weichem Pflanzenmaterial ausgelegte Mulden im Boden. Steinhühner sind Standvögel, die allerdings bei Einbruch des Winters tiefere Lagen aufsuchen.

▶ ~ Taube
▶ 32–35 cm lang
▶ Jahresvogel

▶ **Merkmale**
Oberseite und Brust hellgrau; Bauch rötlichgrau; Kehle weiß, schwarz eingefaßt; schwarze Streifen an den Flanken; Schnabel und Beine rot – Geschlechter gleich gefärbt

▶ **Vorkommen**
steinige oder mit Latschen und Alpenrosen bestandene Hänge oberhalb der Baumgrenze

▶ **Verbreitung**
Teile (Gebirge) des mittleren und südlichen Europas und Asiens

fliegendes Steinhuhn

- ~ Ente
- 40 – 55 cm lang
- Jahresvogel

- **Merkmale**
  Hahn mit glänzend blau-
  schwarzem Gefieder,
  weißer Längsbinde im
  Flügel und leierförmigem
  Schwanz mit weißen Un-
  terschwanzfedern – Henne
  bräunlich; kräftig dunkel
  gebändert und gefleckt

- **Vorkommen**
  Heidegebiete, Moore, in
  Gebirgen unbewachsene
  Höhenrücken und ober-
  halb der Baumgrenze (bis
  etwa 1.800 m)

- **Verbreitung**
  Mittel- und Nordeuropa
  bis weit nach Mittelasien
  hinein

Birkhuhn
Tetrao tetrix

Das Birkhuhn hat ein ausgesprochen eindrucksvolles Fortpflanzungsverhalten.
Im zeitigen Frühjahr kommt es zu
einer Gruppenbalz. Dabei
finden sich in den
frühen Morgen-
stunden mehrere
Hähne am Balz-
platz ein. Zunächst
lassen sie zischende
„tschuich"-Rufe
hören, dem das

Henne

sogenannte Kullern folgt, bei dem der Hahn den
Hals nach vorne ausgestreckt hält. Nach und nach
finden sich auch die Hennen (s. Grafik) am Balzplatz
ein. Leider ist dieses Schauspiel in Mitteleuropa nur
noch selten zu beobachten. Durch die Zerstörung
seines Lebensraumes ist das Birkhuhn vielerorts verschwunden.

Auerhuhn
Tetrao urogallus

Das Auerhuhn ist der größte europäische Hühnervogel, wobei die Hähne deutlich größer werden als die Hennen (s. Grafik). Es hat wie das Birkhuhn (s. linke Seite) ein eindrucksvolles Fortpflanzungsverhalten. Die Hähne zeigen eine ausgedehnte Balzzeremonie mit wiederholtem Knappen, Hauptschlag und Schleifen. Eine 5 – 6 s lange Folge kann man mit „telak-telak-telak-tik-tik-titock-tsischeddedde-schischeddedde" umschreiben. Die Hennen brüten in einer flachen Mulde, meist am Fuß eines Baumes, manchmal auch zwischen niedrigen Zwergsträuchern.

Henne

▸ < Gans

▸ 60 – 87 cm lang

▸ Jahresvogel

▸ **Merkmale**
Hahn im Gefieder dunkelgrau bis schwarz mit glänzend blaugrünen Partien; in den Flügeln braun, Flügelbug weiß – Henne auf der Oberseite braun, dunkel gestreift; Brust rostrot; Bauch hellbraun mit dunklen Fleckenbändern

▸ **Vorkommen**
ruhige Misch- und Nadelwälder des Hügel- und Berglandes mit reichlichem Unterwuchs

▸ **Verbreitung**
Mittel- und Nordeuropa bis weit nach Asien hinein

- > Taube
- 35–37 cm lang
- Jahresvogel

Merkmale
Hahn auf der Oberseite graubraun mit dunklen Flecken und hellen Streifen, Unterseite hell mit dunklen Flecken; Kehle schwarz, weiß eingefaßt; Schwanz mit schwarzer Binde am Ende – Henne weniger kontrastreich; Kehle ohne Schwarz

Vorkommen
dichte Wälder mit reichlich Unterwuchs

Verbreitung
mittleres und nördliches Europa und Asien

Haselhuhn
Bonasia bonasia

Das Haselhuhn ist ein ziemlich scheuer Vogel, der zudem in dichten Waldgebieten lebt und sich deshalb schwer beobachten läßt. Wer Vogelstimmen einzuordnen weiß, mag anhand des Balzgesanges des Hahns auf die Art aufmerksam werden. Man hört hohe Pfeifstrophen, die aus fünf bis neun Silben bestehen und 5 – 9 s lang sind. Dieses „Spissen" ist fast das ganze Jahr über zu vernehmen, aber es ist so leise, daß man es nur 50 – 100 m weit hören kann. Seinen Namen trägt der Vogel übrigens, weil zu seiner Nahrung auch Haselkätzchen gehören. Daneben frißt das Haselhuhn Knospen, Blätter und Insekten.

Henne

Alpenschneehuhn

Lagopus mutus

Das Alpenschneehuhn
ist einer der
wenigen
Vögel, die zu
Beginn des
Winters ein
weißes Gefieder
anlegen (s. Gra-

Ruhekleid

Brutkleid

fik). Dieses Ruhekleid tarnt den Vogel in der verschneiten Landschaft, so daß es einem Räuber leichter entgehen kann. Zudem ist es wärmetechnisch
günstig. Die Füße sind mit weißen Federn besetzt
(daher der Name „Rauhfußhühner" für die gesamte
Gruppe!), was das Gehen auf Schnee erleichtert. In
manchen Gebieten Europas – allerdings nicht in den
Alpen – kommt neben dem Alpenschneehuhn das
ähnliche Moorschneehuhn vor (*Lagopus lagopus*,
s. Seite 206/207).

▸ > Taube

▸ 34–38 cm lang

▸ Jahresvogel

▸ **Merkmale**
im Brutkleid Hahn grau,
Henne braun marmoriert;
weißer Bauch; weiße Flügel – im Ruhekleid Gefieder mit Ausnahme des
schwarzen Schwanzes
einfarbig weiß – über den
Augen rote Hautstellen
(„Rosen")

▸ **Vorkommen**
Gebirge vom Krummholzgürtel an aufwärts bis zur
Schneegrenze (Gebiete
mit lebhaftem Relief)

▸ **Verbreitung**
Norden der gesamten
Nordhalbkugel, in Europa
auch in den Alpen

- > Gans
- 1,00 – 1,15 m lang
- 1,55 – 1,65 m Spannweite
- Sommervogel
  (März bis September)

- **Merkmale**
  Gefieder weiß; Flügel zur
  Hälfte schwarz; roter
  Schnabel; lange rote Stelz-
  beine – Geschlechter
  gleich gefärbt

- **Vorkommen**
  brütet in menschlichen
  Siedlungen, selten auch in
  Waldgebieten auf Bäumen;
  Nahrungssuche in feuch-
  ten Wiesen oder an Ge-
  wässern

- **Verbreitung**
  mittleres und südliches
  Europa, kleine Teile
  Asiens, Nordwestafrika

Weißstorch
Ciconia ciconia

Den Weißstorch kennt wohl jeder, ob
Naturfreund oder nicht. Es ist aber
auch erstaunlich, daß sich ein
Großvogel so eng an den
Menschen anschließt.
Die Horste aus Ästen
und Zweigen stehen
in Mitteleuropa über-
wiegend auf Haus-
dächern. Sein Le-
bensraum wurde
dort aber so vom
Menschen be-
schnitten, daß die
Bestände des Weißstorches gebietsweise stark
zurückgegangen sind. Feuchtwiesen für die Nahrungssuche müssen erhalten bleiben, soll zur Brutzeit in Dörfern und Städten das typische Klappern
(Instrumentallaut!) weiterhin zu hören sein.

fliegender Weißstorch

Schwarzstorch
Ciconia nigra

Viel seltener als der bekannte Weißstorch ist der Schwarzstorch. Er ist
zudem ein heimlicher Bewohner
ausgedehnter naturnaher Laub-
und Mischwälder und viel schwe-
rer zu beobachten. Verwechseln
kann man beide Arten
nicht; die Namen ge-
ben jeweils eindeutige
Informationen. Störche sind
hervorragende Segelflieger
und tragen in der Luft den
Hals gestreckt (s. Grafik und
linke Seite). Beide europäischen
Störche gehören zu den Lang-
streckenziehern. Der Schwarz-

fliegender Schwarzstorch ▶

storch zieht aus Mitteleuropa bis ins tropische Westafrika bzw. nach Ostafrika, der Weißstorch nach
Westafrika bzw. nach Südafrika.

▶ **> Gans**

▶ **0,95–1,00 m lang**

▶ **1,45–1,55 m Spannweite**

▶ **Sommervogel
(März bis September)**

▶ **Merkmale**
Gefieder schwarz; Bauch
weiß; roter Schnabel;
lange rote Stelzbeine –
Geschlechter gleich ge-
färbt

▶ **Vorkommen**
Brut versteckt in ausge-
dehnten Wäldern; Nah-
rungssuche in ruhigen
Feuchtgebieten

▶ **Verbreitung**
mittleres Europa (östliche
Hälfte) und Asien, isolierte
Brutgebiete auf der Iberischen Halbinsel und im
südlichen Afrika

- ~ Gans
- 70 – 80 cm lang
- 1,25 – 1,35 m Spannweite
- Teilzieher

- **Merkmale**
  Gefieder braun und
  schwarz marmoriert; auf
  der Brust dunkle Fleckenstreifen; schwarze Kopfplatte, am Auge schwarzes
  Dreieck – Geschlechter
  gleich gefärbt

- **Vorkommen**
  Verlandungszone größerer
  Seen (Schilfröhricht)

- **Verbreitung**
  mittleres und südliches
  Europa und Asien, Teile
  Nord- und Südafrikas

Rohrdommel, Große Rohr-dommel
Botaurus stellaris

Auch wenn man weiß, daß
Rohrdommeln, wie ihr Name
sagt, im Röhricht vorkom-
men, so heißt das noch lange
nicht, daß man sie dort auch
sieht. Meist hört man nur
die dumpfen „ü-prumb"-
Strophen, nach denen der
Vogel im Volksmund
Moorochse genannt wird.
Fühlt sich eine Rohrdom-
mel gestört, nimmt sie die
sogenannte Pfahlstellung
ein, d. h., sie richtet Hals

Pfahlstellung

und Kopf nach oben, damit ihre Umrisse mit dem
Gewirr der Schilfhalme verschwimmen (s. Grafik).
Die Vögel verharren in dieser Stellung, bis die Gefahr
vorüber ist.

Zwergdommel, Zwerg-rohrdommel

Ixobrychus minutus

Dieser kleine, heimliche Reiher ist ganz besonders gut an das Leben im Schilfröhricht angepaßt. Mit seinen langen Zehen kann er mehrere Halme umfassen und zwischen den Pflanzen herumklettern. Im dichten Schilfwald baut der Vogel auch sein Nest. Das Nistmaterial stammt aus der Umgebung; verwendet werden die Halme von Schilf und Rohrkolben. Durch Störungen im Brutgebiet (Angler, Wassersport) und Verlust geeigneter Lebensräume ist die Zwergdommel leider im Bestand stark zurückgegangen. Man achte auf die quakenden Rufe, die an Frösche erinnern.

Weibchen

▶ > Taube

▶ 33–38 cm lang

▶ 52–58 cm Spannweite

▶ Sommervogel
(April bis Oktober)

▶ **Merkmale**
Oberseite schwarz-grün;
Flügeldecken gelblich;
Unterseite gelblich, leicht
gestreift – beim Weibchen
Rücken braun, marmoriert;
Brust gelblich mit brauner
Streifung

▶ **Vorkommen**
größere Weiher und Seen,
auch Altarme und andere
Flußabschnitte mit dichter
Ufervegetation

▶ **Verbreitung**
mittleres und südliches
Europa bis nach Asien
hinein, Südhälfte Afrikas

- > Gans
- 0,90 – 0,98 m lang
- 1,75 – 1,95 m Spannweite
- Teilzieher

Merkmale
Oberseite grau; Hals und Unterseite weißlich-grau; am Hinterkopf breite schwarze Linie, schwarze Schmuckfedern, am Hals längsverlaufende schwarze Fleckenstreifen - Geschlechter gleich gefärbt

Vorkommen
Feuchtwiesen, Sumpfgebiete, Binnengewässer; brütet in Waldgebieten.

Verbreitung
mittleres und südliches Europa und Asien, isolierte Brutgebiete in Afrika

Graureiher
Ardea cinerea

Wie seine nahen Verwandten zieht auch der Graureiher den Hals im Flug S-förmig ein, und allein daran kann man ihn schon vom ebenfalls grauen Kranich (s. rechte Seite) unterscheiden. Kraniche und auch Störche fliegen nämlich immer mit ausgestrecktem Hals! Bei der Nahrungssuche steht der Graureiher meist lange Zeit scharf beobachtend am Ufer eines Gewässers, um dann blitzschnell zuzustoßen (Lauerjäger). Seinen Horst aus Ästen und Zweigen baut er hoch in Bäumen. Die Brutkolonien des Graureihers stehen unter Schutz.

fliegender Graureiher

Kranich
Grus grus

Der durchgehend(!) graugefärbte Kranich ist einer
der größten Vögel überhaupt. Leider hat sein mitteleuropäischer Brutbestand durch den Verlust an
Feuchtbiotopen und durch Störungen sehr abgenommen. In Skandinavien gibt es aber noch gute Bestände. Auf dem Weg zu den dortigen Brutplätzen ziehen
die Vögel regelmäßig durch Mitteleuropa. Kraniche
fliegen mit ausgestrecktem Hals und nehmen auf
dem Zug eine aerodynamisch günstige und kräfte-
schonende Keilformation ein (s. Grafik). Von ziehen-
den oder gar rastenden Kraniche hört man laute
„kru-kru"-Trompetenrufe.

> **> Gans**
> **1,10 – 1,20 m lang**
> **2,20 – 2,45 m Spannweite**
> **Sommervogel**
> **(März bis November)**

> **Merkmale**
> durchgehend graues Gefie-
> der; auffällige Schwarz-
> weiß-rot-Zeichnung an
> Kopf und Hals, am Hin-
> terende bogenförmig fal-
> lende Schmuckfedern -
> Geschlechter gleich gefärbt

> **Vorkommen**
> ausgedehnte Sumpfgebie-
> te und Moore; auf dem
> Zug auf Wiesen und Fel-
> dern, bei Nacht in Flach-
> wassergebieten

> **Verbreitung**
> mittleres und nördliches
> Europa und Asien

Flugformation bei Kranichen

- ~ Sperling
- 14–15 cm lang
- **Sommervogel**
  (April bis September)

- **Merkmale**
  brauner Rücken; weiße
  Unterseite; schwarz-weiße
  Kopfzeichnung; schwarzes
  Brustband; dunkler Schna-
  bel, gelber Ring um das
  Auge herum; helle Beine
  – Geschlechter gleich ge-
  färbt

- **Vorkommen**
  Sand- und Kiesufer von
  Binnengewässern, Kies-
  gruben

- **Verbreitung**
  weite Teile Europas und
  Asiens (Ausnahme: der
  hohe Norden), Nordwest-
  afrika

Flußregenpfeifer
Charadrius dubius

Regenpfei-
fer bewe-
gen sich
am Boden,
indem sie
eine Strecke
sehr schnell
trippelnd lau-

Flußregenpfeifer Sandregenpfeifer Seeregenpfeifer

fen, jäh kurz stehenbleiben und weitertrippeln. Man
fühlt sich an eine Federkugel erinnert, die an einer
Schnur gezogen wird. Der Flußregenpfeifer ist eine
Art, die im Binnenland brütet. Zur Brutzeit wird die
Bestimmung also erleichtert, denn die beiden ande-
ren, sehr ähnlichen mitteleuropäischen Arten, den
Sandregenpfeifer (*Charadrius hiaticula*) und den See-
regenpfeifer (*Charadrius alexandrinus*), kann man
zur Brutzeit nur in Küstennähe beobachten. Bestes
Unterscheidungsmerkmal ist die Zeichnung von
Kopf und Brust (s. Grafik).

Sandregenpfeifer
Charadrius hiaticula

Alle Regenpfeifer sind Bodenbrüter. Das typische Nest besteht nur aus einer kleinen Mulde im Boden, in der vier tarnfarbige Eier liegen. Bei Störungen am Nest und später, wenn die Jungen geschlüpft sind, zeigen die Altvögel ein interessantes Verhalten, das sogenannte Verleiten. Sie laufen geduckt weg, torkeln, stellen sich flügellahm und wirken insgesamt, als seien sie verletzt (Beuteimitation, s. Grafik). Ein Fuchs oder ein anderer potentieller Räuber würde so einer „leichten Beute" ohne weiteres folgen. Ist der Räuber dann aber genügend weit weggelockt, fliegt der Regenpfeifer „gesund" zum Nest oder zu seinen Jungen zurück.

verleitender Altvogel

▶ > Sperling

▶ 18–20 cm lang

▶ **Sommervogel (März bis September)**

▶ **Merkmale**
brauner Rücken; weiße Unterseite; schwarz-weiße Kopfzeichnung; schwarzes Brustband; gelber Schnabel mit dunkler Spitze; helle Beine – Geschlechter fast gleich gefärbt

▶ **Vorkommen**
Sand- und Kiesstrände, Dünen, kurzrasige Flächen, seltener an Süßwasser

▶ **Verbreitung**
Nordeurasien (bis zur deutschen und französischen Küste im Süden), Grönland und nordöstliches Nordamerika

- > Amsel
- 26–30 cm lang
- Sommervogel und Durchzügler

- **Merkmale**
Oberseite dunkel, golden gefleckt; Gesicht, Vorderseite des Halses und Unterseite schwarz; gegen die goldenen Partien weißlich abgesetzt – Weibchen weniger kontrastreich als Männchen

- **Vorkommen**
Heidegebiete, Moore, Tundra; außerhalb der Brutzeit auch auf Wiesen, Feldern und im Wattenmeer

- **Verbreitung**
Nordeuropa bis nach Asien hinein

Goldregenpfeifer
Pluvialis apricaria

Beim Goldregenpfeifer lassen sich zwei Rassen äußerlich unterscheiden. Die südlich verbreiteten Vögel haben einen schwarzen Bauchfleck, die nördlich verbreiteten Vögel dagegen einen schwarzen Vorderhals und Bauch. Typisch für

Kiebitzregenpfeifer

beide sind die weichen, klagenden Flötenrufe, die wie „tüüh" oder „tüüi" klingen. In Mitteleuropa ist der Goldregenpfeifer als Brutvogel sehr selten geworden. Im Herbst und Frühjahr tauchen aber regelmäßig Durchzügler aus dem Norden auf. Auf dem Zug ist dort auch der recht ähnliche Kiebitzregenpfeifer (*Pluvialis squatarola*) zu beobachten (s. Grafik), allerdings nur selten im Binnenland.

Kiebitz
Vanellus vanellus

An seiner schwarz-weißen Färbung und der Federhaube am Kopf ist der Kiebitz leicht zu erkennen. Man hört zudem laute, etwas klagende „kiih-wit"-Rufe (daher der Name!). Zur Balzzeit sieht man auffällige Flugspiele und hört dabei „chiu-witt-witt-witt"-Strophen und deutliche Flügelgeräusche. Der Kiebitz hat sich recht gut an die veränderten Lebensbedingungen in der Kulturlandschaft angepaßt. Er nistet beispielsweise auch auf Feldern.
Seine Bestände sind daher kaum gefährdet. Außerhalb der Brutzeit wandern Kiebitze oft in Trupps umher, bisweilen auch in recht großen Schwärmen. In milden Wintern bleiben viele Kiebitze durchgehend in Mitteleuropa.

fliegender Kiebitz

- < Taube
- 28–31 cm lang
- Teilzieher und Durchzügler

- **Merkmale**
  Oberseite dunkel grünlich-schwarz, metallisch glänzend; Unterseite weiß mit breitem, dunklem Brustband; Federhaube am Hinterkopf; Schwanz weiß, mit breiter dunkler Endbinde, Unterschwanz rostgelb – Weibchen weniger kontrastreich als Männchen

- **Vorkommen**
  Sumpfgebiete, Moore, Wiesen und Felder

- **Verbreitung**
  mittleres Europa und Asien

- > Taube
- 40 – 45 cm lang
- 80 – 86 cm Spannweite
- Teilzieher

Merkmale
Gefieder schwarz-weiß; im Flug deutliche weiße Flügelbinde und weißer Bürzel sichtbar; langer roter Schnabel; rote Beine - Geschlechter gleich gefärbt

Vorkommen
Strände, Dünen, Wattwiesen und Grünland

Verbreitung
Küstengebiete Europas, Zentralasiens, Küsten des Fernen Ostens, Neuseeland

Austernfischer
Haematopus ostralegus

Austern fischt er zwar nicht, aber die Nahrung dieses Watvogels besteht tatsächlich aus verschiedenen Arten von Muscheln, Schnecken und anderen Kleintieren. Neben seiner plakativen Schwarz-weiß-rot-Färbung ist der Vogel auch an seiner lauten Stimme zu erkennen. Man hört typische „kliep, kliep"-, daneben auch kurze „pik, pik"-Rufe (reagiert auch sehr lautstark auf Störungen am Nest). Die Balz ist ebenfalls sehr auffällig, zumal die Vögel oft in Gruppen balzen und dabei ein lautes Trillern, das wie „kewick, kewick, kwick, kwick, kerirr" klingt, hören lassen.

fliegende Austernfischer

148

Säbelschnäbler
Recurvirostra avosetta

Kontrastreich schwarz-weiß gefärbt, klangvolle „pluit"- oder „küt"-Rufe - der Säbelschnäbler fällt sofort auf. Als einziger europäischer Vogel weist er einen deutlich nach oben gebogenen Schnabel auf, ein Werkzeug für eine spezielle Technik der Nahrungsaufnahme (Name!). Der Vogel frißt kleine Krebstiere, Würmer und Insekten. Seine Nahrung sucht er im flachen Wasser, wobei er seitwärts mit Kopf und Schnabel hin- und herfährt; er „säbelt" seine Nahrung sozusagen aus dem Wasser heraus (s. Grafik). Säbelschnäbler brüten häufig in lockeren Kolonien. Die Jungen sind typische Nestflüchter.

Säbelschnäbler bei der Nahrungssuche

▸ > Taube
▸ 42 – 45 cm lang
▸ 77 – 80 cm Spannweite
▸ Sommervogel (April bis Oktober)

▸ **Merkmale**
Gefieder schwarz-weiß; langer, aufgeworfener Schnabel; lange, blaugraue Beine - Geschlechter gleich gefärbt

▸ **Vorkommen**
Flachwassergebiete an den Küsten, an Flußmündungen und an Binnenseen

▸ **Verbreitung**
stellenweise an den Küsten Mittel-, West- und Südeuropas; von Kleinasien bis nach Zentralasien; Nord-, Ost- und Südafrika

Uferschnepfe
Limosa limosa

- ▶ **Merkmale**
  Oberseite rotbraun und dunkel gefleckt, Kopf und Unterseite rostbraun; Bauch weißlich mit seitlichen schwarzen Querbinden; weißer Flügelstreifen; weißer Bürzel; Schwanz mit schwarzer Endbinde – Geschlechter sehr ähnlich

- ▶ **Vorkommen**
  Feuchtwiesen, Sumpfgebiete, Moore; außerhalb der Brutzeit auch an der Küste

- ▶ **Verbreitung**
  mittleres Europa und Asien

Die Uferschnepfe zeigt alle Charakteristika eines typischen Watvogels. Sie hat lange Stelzbeine, mit denen sie sich im Sumpf oder im Flachwasser gut fortbewegen kann. Hinzu kommt ein langer, schlanker Stocherschnabel, mit dem der Vogel Kleintiere im feuchten Boden ortet und ergreift. Feuchtgebiete sind denn auch der bevorzugte Lebensraum der Uferschnepfe. Außerhalb der Brutzeit halten sich in Mitteleuropa auch Pfuhlschnepfen (*Limosa lapponica*) aus dem Norden auf. Sie haben einfarbige Flügel und einen gebänderten Schwanz, sind also von der Uferschnepfe recht gut zu unterscheiden (s. Grafik).

Großer Brachvogel
Numenius arquata

Der Große Brachvogel ist zwar unscheinbar gefärbt, aber mit seinen langen Beinen und dem langen, abwärts gebogenen Stocherschnabel ist er dennoch recht auffällig. Zudem läßt er volltönende „tlü"-Flötenrufe hören, zur Balzzeit auch eine ansteigende Reihung dieser Rufe mit abschließendem Roller. Außerhalb der Brutzeit sollte man sich alle Brachvögel genauer ansehen. Dann halten sich in Mitteleuropa entlang der Küsten nämlich auch Regenbrachvögel (*Numenius phaeopus*) aus dem Norden auf. Man erkennt sie an dem längsgestreiften Kopf (s. Grafik). Außerdem sind sie rund 10 cm kleiner als Große Brachvögel.

Regenbrachvogel

- ~ Ente
- 50–60 cm lang
- 0,80–1,00 m Spannweite
- **Sommervogel und Durchzügler**

- **Merkmale**
  Gefieder graubraun mit dichter Streifung und Fleckung – Geschlechter gleich gefärbt

- **Vorkommen**
  Feuchtwiesen, Sumpfgebiete, Moore; während des Zuges auch auf Wattflächen

- **Verbreitung**
  Mittel- und Nordeuropa, mittleres Asien

- > **Amsel**
- > **25–27 cm lang**
- > **Sommervogel und Durchzügler**

- > **Merkmale**
  Oberseite braun und schwarz mit gelblichen Längsstreifen, Unterseite hell, graubraun gefleckt und gestreift; am Kopf Längsstreifung, langer Stocherschnabel – Geschlechter gleich gefärbt

- > **Vorkommen**
  Feuchtwiesen, Sumpfgebiete, Moore

- > **Verbreitung**
  mittlere und nördliche Breiten der gesamten Nordhalbkugel, weite Teile Südamerikas

Bekassine
Gallinago gallinago

An ihrem im Verhältnis zur Größe sehr langen, geraden Stocherschnabel ist die Bekassine leicht zu erkennen. Die Stimme dieser kleinen Schnepfe erinnert an eine tickende Uhr: „tükke-tükke-tükke-tükke". Typisch ist der Balzflug, bei dem die

„meckernde" Bekassine

Schnepfe immer wieder einmal seitlich abkippt. In dieser Flugphase werden die Schwanzfedern gespreizt (s. Grafik), und es ertönt ein meckerndes Geräusch. Wegen dieses Instrumentallautes wird die Bekassine im Volksmund auch Himmelsziege genannt. Am Boden verläßt sie sich oft auf ihre Tarnung und fliegt erst im letzten Moment auf. Dabei läßt sie ein heiseres Rätschen hören.

Waldschnepfe
Scolopax rusticola

Will man die Waldschnepfe beobachten, muß man in der Dämmerung und nachts draußen sein. Dann sind die Vögel aktiv. Rufe sind allerdings fast nur in der Paarungszeit zu hören. In der Morgen- und Abenddämmerung findet der sogenannte „Schnepfenstrich" statt, eine Flugbalz, bei der man tiefe, bis viermal wiederholte „quorr"-Laute und ein scharfes „pitz" hört. Wegen ihrer Tarnfärbung ist eine sitzende Waldschnepfe nur sehr schwer zu entdecken. Lediglich die schwarzen Bänder am Kopf und der lange Stocherschnabel fallen auf. Sonst gleicht das Gefieder in Färbung und Muster dem Falllaub der Umgebung.

fliegende Waldschnepfe

- ~ Taube
- 33 – 35 cm lang
- Sommervogel und Durchzügler

- **Merkmale**
  Oberseite braun und schwarz marmoriert, Unterseite hell graubraun, mit dunkleren Wellenstreifen; schwarze Querbinden auf dem Kopf, langer Stocherschnabel – Geschlechter gleich gefärbt

- **Vorkommen**
  Laubwälder mit nicht zu dichtem Baumbestand, reichlicher Strauch- und Krautschicht, viel Falllaub und feuchtem Boden

- **Verbreitung**
  mittleres und nördliches Europa und Asien

153

- **< Taube**
- **27–29 cm lang**
- **Sommervogel und Durchzügler**

- **Merkmale**
  Oberseite bräunlich, Unterseite grauweiß mit dunkelbraunen Flecken; Flügelhinterrand, Hinterrücken und Bürzel weiß; Schnabel und Beine rot – Geschlechter gleich gefärbt

- **Vorkommen**
  feuchte Wiesen, Sümpfe, Moore

- **Verbreitung**
  Mittel- und Nordeuropa; stellenweise an den südeuropäischen Küsten; mittleres Asien

Rotschenkel
Tringa totanus

Nicht nur die Schenkel dieses Schnepfenvogels sind rot, sondern die ganzen Beine (Name!). Weiter läßt sich der Vogel gut an seiner Stimme erkennen. Man hört ein flötendes „djüü", auch ein dreisilbiges „tjüdü-dü". Zur Paarungszeit ertönen Folgen aus diesen Lauten und eingeschobenen Trillern. Bei Gefahr sitzt der Vogel gerne erhöht, etwa auf einem Weidepfahl, und schimpft laut und scharf „kiff-kiff-kiff". Auf dem Zug ist an den Küsten und an sumpfigen Binnengewässern auch der Dunkle Wasserläufer (*Tringa erythropus*) zu beobachten. Die Unterschiede zwischen beiden Arten werden vor allem im Flug deutlich (s. Grafik).

Rotschenkel
im Ruhekleid

Dunkler Wasserläufer
im Ruhekleid

Grünschenkel
Tringa nebularia

Der Grünschenkel ist in Mitteleuropa nur als Durchzügler zu beobachten, das aber regelmäßig und einigermaßen häufig (Maxima im Juli und im April). Geeignete Gebiete sind flache Küsten (Wattenmeer) und flache, sumpfige Binnengewässer. Der Vogel sieht dem Rotschenkel ähnlich, wirkt aber insgesamt heller und hat, wie der Name sagt, grünliche Beine. Außerdem fehlen ihm die weißen Flügelhinterränder, was bei fliegenden Vögeln sofort ins Auge fällt (s. Grafik). Schließlich ist auch die Stimme des Grünschenkels recht charakteristisch. Man hört ein etwas hartes, meist dreisilbiges „tjuh-tjü-tjü" oder auch „kjück-jük-jük".

fliegender Grünschenkel

▶ ~ Taube
▶ 30–33 cm lang
▶ Durchzügler

▶ **Merkmale**
oberseits graubraun mit undeutlichen dunklen Bändern, unterseits weißlich, dunkel gefleckt; Hinterrücken und Bürzel weiß; Schnabel leicht aufgeworfen, blaugrau mit dunkler Spitze; Beine grünlich – Geschlechter gleich gefärbt

▶ **Vorkommen**
Sumpf- und Moorgebiete

▶ **Verbreitung**
nördliches Europa und Asien

- ~ Amsel
- 21–24 cm lang
- Durchzügler

- **Merkmale**
  Oberseite dunkel, sparsam
  hell gefleckt, Unterseite
  weißlich; Hals und Brust
  dunkelbraun gefleckt;
  Unterflügel dunkel; Bürzel
  weiß; am Schwanzende
  wenige kräftige Binden –
  Geschlechter gleich ge-
  färbt

- **Vorkommen**
  Moore, sumpfige Wälder,
  zur Zugzeit in Sumpfge-
  bieten und an kleinen,
  verwachsenen Binnenge-
  wässern

- **Verbreitung**
  mittleres und nördliches
  Europa und Asien

Waldwasserläufer
Tringa ochropus

Der Waldwasserläufer benutzt zur
Brut und Aufzucht der Jungen
gerne die Nester von Drosseln
und anderen Vögeln in Bäumen
(Name!). In Mitteleuropa ist der
Vogel nur zur Zugzeit zu beobachten. Meist sieht man ihn
dann einzeln in Sumpfgebieten
und an Gewässern. Beim Auffliegen hört man flötende „tlüit-titit"-
Rufe. Die Rufe eignen sich gut, um die
Art vom ähnlichen Bruchwasserläufer
(*Tringa glareola*) abzugrenzen, der
beim Auffliegen durchdringend
„giff giff giff" ruft. Auch in der Färbung von Unterflügeln, Bürzel
und Schwanz unterscheiden
sich die beiden Wasserläufer
(s. Grafik).

fliegender
Waldwasser-
läufer

fliegender
Bruchwasser-
läufer

Flußuferläufer
Actitis hypoleucos

Tatsächlich läuft
dieser Vogel be-
vorzugt an Flüs-
sen entlang
(Name!). Aller-
dings ist der
Flußuferläufer
als Brutvogel in

fliegender Flußuferläufer
im Ruhekleid

Mitteleuropa selten geworden; durch Flußbegradi-
gungen wurde sein Lebensraum vielerorts vernich-
tet. Daß er hier dennoch recht häufig zu beobachten
ist, liegt daran, daß Vögel aus dem Norden regelmäßig in größeren Mengen durchziehen. Hat man ihn
im Fernglas, fällt sofort auf, daß der Vogel ständig
mit dem Schwanz und dem Kopf wippt. Von aufflie-
genden Vögeln hört man ganz bezeichnende, etwas
schrille, auf der ersten Silbe betonte „hididi"-Rufe.
Die Art brütet stets nahe am Wasser; volle Gelege
enthalten vier tarnfarbene Eier.

▶ **< Amsel**

▶ **19–21 cm lang**

▶ **Sommervogel und
Durchzügler**

▶ **Merkmale**
graubraune Oberseite,
Unterseite weiß mit dunk-
ler Streifung an Hals und
Brust; heller Flügelstreifen; Schwanz mit weißen,
dunkel quer gebänderten
Seiten – Geschlechter
gleich gefärbt

▶ **Vorkommen**
klare Fließgewässer (weniger stehende Gewässer)
mit Sand- und Kiesufern
im Binnenland (Mittel-
gebirgslagen)

▶ **Verbreitung**
fast ganz Europa, weite
Teile Asiens

◄ Taube
► 20–30 cm lang
► Sommervogel und
Durchzügler

► **Merkmale**
Männchen deutlich größer
als Weibchen; Gefieder
bräunlich, geschuppt; zur
Brutzeit große Federhaube
in verschiedenen Farben –
Männchen im Ruhekleid
ähnlich Weibchen – Weib-
chen mit brauner, ge-
schuppter Ober- und heller
Unterseite

► **Vorkommen**
Feuchtwiesen, Sumpf-
gebiete und Moore; im
Norden Tundra

► **Verbreitung**
mittleres und nördliches
Europa und Asien

Kampfläufer
Philomachus pugnax

Der Kampfläufer ist
einer der Vögel, die
eine Gruppenbalz
machen. An immer
wieder aufgesuchten
Plätzen finden sich
mehrere Männchen
ein, um gemeinsam zu
balzen. Zu dieser Zeit
tragen sie große, auf-
richtbare Federhauben,

Männchen

Weibchen

deren Farben bei schwarz, rostbraun oder weiß
liegen können. Irgendwann finden sich auch die
unscheinbaren Weibchen am Balzplatz ein, um sich
begatten zu lassen. Die Weibchen (s. Grafik) brüten die Gelege allein und ziehen auch die Jungen
allein auf. Die mitteleuropäischen Brutbestände des
Kampfläufers sind durch die Zerstörung von Feuchtbiotopen vielerorts bedroht oder bereits erloschen.

Alpenstrandläufer
Calidris alpina

Sieht man den
Alpenstrandläufer im
Brutkleid, ist er nicht
zu verwechseln; einen
schwarzen Bauchfleck
hat kein anderer in
Mitteleuropa zu be-
obachtender Strand-
läufer. Im Ruhekleid
dagegen ist der Vogel
relativ schwer zu erkennen. Dann können die
gedämpften, aber harten „trür"-Rufe bei der Bestimmung helfen. Außerhalb der Brutzeit sind Alpenstrandläufer gesellig; man sieht sie oft in riesigen
Schwärmen, auch zusammen mit Knutts (*Calidris
canutus*, s. Seite 161). In nur kleinen Trupps trifft
man dagegen zur Zugzeit und im Winter an der
Nord- und Ostseeküste den Meerstrandläufer (*Calidris maritima*, s. Grafik) an.

Meerstrandläufer

▶ **> Sperling**
▶ **16 – 20 cm**
▶ **Jahresvogel und
Durchzügler**

▶ **Merkmale**
im Brutkleid Rücken rost-
braun, dunkel gefleckt;
schwarzer Bauchfleck;
dunkler Schnabel, an der
Spitze leicht abwärts gebogen; weißer Flügelstreifen;
weiße Bürzelseiten – Ge-
schlechter gleich gefärbt

▶ **Vorkommen**
Sumpfgebiete, Moore,
Tundra, Strandwiesen,
Marschen

▶ **Verbreitung**
nördliches Europa und
Asien, Küsten des nörd-
lichen Nordamerikas und
Grönlands

- **< Amsel**
- **22 – 24 cm lang**
- **Durchzügler**

- **Merkmale**
  im Brutkleid rostbrauner
  Rücken, auffällige
  schwarz-weiße Gesichts-
  zeichnung – im Ruhekleid
  Kopf, Brust und Rücken
  düster braun – in beiden
  Kleidern dunkelgrauer
  Schnabel und orangegelbe
  Beine – Weibchen weniger
  kontrastreich gefärbt als
  Männchen

- **Vorkommen**
  Küsten und vorgelagerte
  Inseln, auch Tundra

- **Verbreitung**
  fast alle nördlichen
  Küstengebiete der Nord-
  halbkugel

Steinwälzer
Arenaria interpres

Der Steinwälzer ernährt
sich im Brutgebiet von
Insekten und Pflanzen-
samen. Auf dem Zug
erscheint der Vogel
an den Küsten, und
dann lebt er von
kleinen Krebstieren,
Muscheln, Schnek-
ken und Würmern.

Steinwälzer im Ruhekleid
bei der Nahrungssuche

Bei der Nahrungssuche läuft er recht bedächtig
herum und dreht dabei Steine, Muschelschalen und
Pflanzenbüschel um (s. Grafik). Hat man dies einmal
beobachtet, wird man den eigentümlichen Namen
des Vogels für immer in Erinnerung behalten. Je
nach Breitengrad findet man erste Steinwälzergelege
ab Anfang Mai. Der Vogel brütet in einer Boden-
mulde in Pflanzenbüscheln oder zwischen Steinen.
Die Gelege bestehen aus zwei bis vier Eiern.

Knutt
Calidris canutus

Den Knutt können Vogelfreunde in Mitteleuropa nur zur Zugzeit beobachten. Für einige Zeit rasten dann teilweise große Schwärme im Wattenmeer vor der Nordseeküste. Aber aufgepaßt, zur Zugzeit haben längst nicht alle Knutts das rostbraune Brutkleid. Das Ruhekleid ist wesentlich schlichter; ein brauchbares Bestimmungsmerkmal stellen dann der helle Flügel-streifen sowie der hellgraue Bürzel bzw. Schwanz dar (s. Grafik). Erschwerend kommt hinzu, daß Knutts häufig mit Alpenstrandläu-fern (s. Seite 159) vergesellschaftet auftreten, und auch diese Art taucht auf dem Durchzug in bei-den Kleidern auf.

Knutt im Ruhekleid

▶ ~ Amsel
▶ 23–25 cm lang
▶ Durchzügler

▶ **Merkmale**
im Brutkleid Oberseite grau, braun und schwarz gefärbt und gefleckt, Unterseite rostrot – im Ruhekleid ziemlich ein-heitlich grau – Geschlech-ter gleich gefärbt

▶ **Vorkommen**
Tundra; zur Zugzeit ent-lang der Küsten auf Sand- und Schlickflächen

▶ **Verbreitung**
verschiedene isolierte Brutgebiete an den Küsten im hohen Norden der Nordhalbkugel

- ▶ Kennart
- ▶ 51–62 cm lang
- ▶ 81–98 cm Spannweite
- ▶ Teilzieher

- ▶ **Merkmale**
  flaschengrüner, schillern-
  der Kopf, weißer Halsring;
  kastanienbraune Brust;
  schwarz-weißes Hinter-
  ende; übriges Gefieder
  hellgrau; Erpel im Ruhekleid ähneln dunkel gefärbten Weibchen – Weibchen
  hell- und dunkelbraun
  gestreift und gefleckt –
  Beine orangefarben

- ▶ **Vorkommen**
  stehende und langsam
  fließende Gewässer

- ▶ **Verbreitung**
  weite Gebiete im Norden
  der Nordhalbkugel

Stockente
Anas platyrhynchos

Auf Grund
ihrer Häufig-
keit zählt die
Stockente zu
den bekannte-
sten europäi-
schen Vögeln.
Im übrigen ist sie

Schnatterente

auch die Stammform der Hausente. Man zählt sie
zu den Schwimm- oder Gründelenten. Diese Enten
ernähren sich am Ufer von Gewässern, an der
Wasseroberfläche oder „Köpfchen in das Wasser,
Schwänzchen in die Höh" am Boden von flachen Gewässern. Eine andere mitteleuropäische Schwimmente ist die Schnatterente (*Anas strepera*). Bei dieser
Art ist der Erpel recht unscheinbar gefärbt (s. Grafik).
Bei beiden Geschlechtern fallen aber die weißen Flügelspiegel auf. Bei allen Enten sind diese Spiegel am
besten zu erkennen, wenn die Vögel fliegen.

Löffelente
Anas clypeata

Diese Schwimmente ist in beiden Geschlechtern leicht an dem löffelförmig verbreiterten Schnabel zu erkennen (Name!). Wozu der Löffel gut ist, sieht man, wenn man die Enten längere Zeit beobachtet. Die Nahrung – kleine Pflanzenteile und Kleintiere – wird weniger gründelnd gesucht als vielmehr mit dem breiten Schnabel von der Wasseroberfläche geseiht. An dem breiten Löffelschnabel erkennt man die Enten übrigens auch im Flug. Ansonsten fallen bei fliegenden Erpeln die dunklen Köpfe und die braunen Bäuche auf; die Vorderflügel sind hellblau gefärbt, die Spiegel grün. Wie die meisten Entenarten brütet die Löffelente am Boden.

der namensgebende Löffelschnabel beim Weibchen

▸ ~ Ente
▸ 49–52 cm lang
▸ Teilzieher

▸ **Merkmale**
Erpel mit glänzend flaschengrünem Kopf; Brust weiß; Bauch und Flanken kastanienbraun, gegen den vorne dunkelbraunen, hinten schwarzen Rücken weiß abgesetzt; schwarzer Unterschwanz – Weibchen unscheinbar, dunkel- und hellbraun gestreift und gefleckt

▸ **Vorkommen**
Sumpfgebiete, Weiher mit dichter Ufervegetation

▸ **Verbreitung**
weite Gebiete im Norden der Nordhalbkugel (Ausnahme: Grönland)

- ~ Ente
- 45–51 cm lang
- Teilzieher, Durchzügler und Wintergast

- **Merkmale**
  Kopf rotbraun mit gelblichem Scheitel; Brust rötlich-braun; Oberseite und Flanken grau; Bauch weiß; an den Seiten weißer Längsstreifen; Hinterende schwarz – Weibchen rotbraun, gestreift und gefleckt

- **Vorkommen**
  Sumpfgebiete, Moore und vegetationsreiche Binnengewässer

- **Verbreitung**
  nördliches Europa und Asien

Pfeifente
Anas penelope

Die Pfeifente kann man in Mitteleuropa am besten zur Zugzeit und im Winter beobachten. Allerdings hält sich die Schwimmente dann kaum im Binnenland auf, häufig ist sie dagegen auf Küstengewässern zu finden. Ihre Nahrung besteht überwiegend aus pflanzlichen Anteilen. Die Pfeifente nimmt aber nicht nur Pflanzenmaterial im Wasser oder am Ufer auf, sondern geht auch auf gewässernahes Grünland. Im Flug erkennt man die Erpel an dem braunen Kopf, dem weißen Feld am Vorderrand der Flügel und den grünen Spiegeln. Im übrigen stoßen die Erpel bezeichnende, wie „huihu" klingende Pfiffe aus (Name!).

Weibchen

Spießente
Anas acuta

Diese Schwimmente ist nur geringfügig kleiner als die Stockente, aber schlanker gebaut. Die Erpel wirken insgesamt sehr hell und lassen sich anhand ihrer Färbung gut bestimmen.

fliegender Erpel

Fliegende Erpel erkennt man zudem an der weißen Unterseite und den grünen, vorne und hinten schmal weiß eingefaßten Spiegeln (s. Grafik). Spießentenweibchen sind – wie alle Entenweibchen – unscheinbar gefärbt. Aber ob Erpel oder Weibchen, ob schwimmend oder fliegend, beide Geschlechter sind immer eindeutig an den auffällig langen, spitzen Schwanzfedern zu erkennen. In Mitteleuropa ist die Spießente mit einem geringen Bestand an Brutvögeln aber regelmäßig als Durchzügler und Wintergast vertreten.

▶ **~ Ente**

▶ **51 – 66 cm lang**

▶ **Sommervogel (April bis Oktober), Durchzügler und Wintergast**

▶ **Merkmale**
Kopf schokoladenbraun, mit weißem Streifen; Brust und Bauch weiß; Rücken und Flanken fein schwarz und weiß quergewellt; vor dem schwarzen Unterschwanz breites rahmfarbenes Band – Weibchen unscheinbar braun – überlange Schwanzfedern

▶ **Vorkommen**
Sumpfgebiete und Moore; im Winter bevorzugt auf Küstengewässern

▶ **Verbreitung**
weite Gebiete im Norden der Nordhalbkugel

> Taube

34–38 cm lang

Teilzieher

Merkmale
Kopf rotbraun mit breitem, gelblich eingefaßtem grünem Feld vom Auge zum Nacken; Oberseite und Flanken grau; Bauch weißlich; gelbe Dreiecke am Unterschwanz, Hinterende sonst schwarz – Weibchen bräunlich; an den Seiten marmoriert

Vorkommen
Weiher mit dichter Vegetation, Sumpfgebiete und Moore

Verbreitung
weite Gebiete im Norden der Nordhalbkugel (Ausnahme: Grönland)

Krickente
Anas crecca

Die Krickente ist eine deutlich kleinere Schwimmente als die Stockente; sie ist die kleinste europäische Ente überhaupt. Im Flug fallen – neben der geringen Größe und

fliegender Erpel

dem schnellen Flügelschlag – die innen grünen, außen schwarzen, weiß eingefaßten Spiegel und die weißen Längsstreifen auf dem Rücken ins Auge (s. Grafik). Die Erpel lassen laute „krit"- oder „krilük"-Rufe ertönen, auf die sich der Name der Art bezieht. In Mitteleuropa gibt es einen bedrohten Bestand an Brutvögeln, aber viele Krickenten aus weiter nördlich gelegenen Gebieten tauchen dort als Durchzügler und Wintergäste auf.

Knäkente
Anas querquedula

Die Knäkente gehört wie die Krickente zur Größenklasse der „kleinen Schwimmenten". Die Erpel erkennt man an dem weißen Augenstreif, im Flug auch an den blaugrauen Vorderflügeln und den breit weiß eingefaßten grünen Spiegeln (s. Grafik). Die Erpel lassen auch ganz charakteristische „klerreb"-Rufe hören. Sie klingen, als ob man über einen hölzernen Kamm streicht. Von den Weibchen hört man „knäk"-Rufe, die zum Namen der Art geführt haben mögen. Die Knäkente ist als Brutvogel in Mitteleuropa durch den Verlust an geeignetem Lebensraum heute bedroht. Es lassen sich dort aber regelmäßig und recht häufig Durchzügler aus anderen Brutgebieten beobachten.

Erpel

Weibchen

> **> Taube**

> **37 – 41 cm lang**

> **Sommervogel (März bis Oktober)**

> **Merkmale**
Kopf beim Erpel braun mit weißem Überaugenstreif; Brust dunkelbraun; Rücken graubraun; Seiten grau und fein dunkel quergebändert; Hinterende hell bräunlich mit dunkelbrauner Bänderung – Weibchen braun gestreift und gefleckt

> **Vorkommen**
Weiher mit dichter Vegetation, Sumpfgebiete und Moore

> **Verbreitung**
mittleres und nördliches Europa und Asien

- < Ente
- 40 – 47 cm lang
- Teilzieher

Merkmale
Kopf (mit deutlich sichtbarer Federhaube), Brust, Rücken und Hinterende schwarz; Flanken und Bauch weiß – Weibchen dunkelbraun; um die Schnabelwurzel herum schmaler weißer Ring

Vorkommen
große Weiher und Seen im Binnenland; im Winter auch Flüsse und sogar Parkteiche

Verbreitung
mittleres und vor allem nördliches Europa und Asien

Reiherente
Aythya fuligula

Die Reiherente ist eine der häufigsten mitteleuropäischen Tauchenten. Diese Enten liegen tiefer im Wasser als Schwimm- oder Gründelenten, und

abtauchender Erpel

ihre Rückenlinie fällt zum Wasser hin ab. Sie ernähren sich im wesentlichen am Gewässerboden. Die dort zu findende Nahrung ist nur zu erreichen, indem die Enten nach einem kleinen Kopfsprung unter Wasser verschwinden und sich mit den Füßen antreiben, um die entsprechenden Tiefen zu erreichen (s. Grafik). Die Reiherente nimmt überwiegend tierische Nahrung auf; sie frißt Muscheln, daneben Wasserinsekten und andere im Wasser lebende Kleintiere.

Bergente
Aythya marila

Diese Tauchente sieht der etwas kleineren Reiherente (s. linke Seite) in der Färbung sehr ähnlich, und zwar in beiden Geschlechtern. Sowohl bei schwimmenden als auch bei fliegenden Vögeln achte man auf den grauen – nicht schwarzen – Rücken des Erels und die weiße Schnabelwurzel der Ente (s. Grafik). In Mitteleuropa kommt die Bergente nur als Durchzügler und Wintergast vor. Im Winter hält sie sich meist auf Küstengewässern auf, daneben in geringer Zahl auch auf tiefen Seen im Binnenland. Oft sieht man sie vergesellschaftet mit anderen Tauchenten, etwa Reiherenten und Tafelenten (s. Seite 168 und 170). Die Bergente brütet an Bergseen und an der Küste.

Weibchen

▶ < Ente

▶ 42–51 cm lang

▶ Wintergast

▶ **Merkmale**
Kopf schwarzgrün schillernd; Brust und Hinterende schwarz; Rücken grau; Bauch weiß – Weibchen dunkelbraun; breiter weißer Ring um die Schnabelbasis herum

▶ **Vorkommen**
Weiher und Seen; im Winter meist auf Küstengewässern

▶ **Verbreitung**
nördliches Europa, Asien und Nordamerika

Tafelente
Aythya ferina

- ‹ Ente
- 42–49 cm lang
- Teilzieher

- **Merkmale**
  Kopf rotbraun; breiter
  schwarzer Brustring;
  Rücken grau; Flanken
  hellgrau; Bauch fast weiß;
  Hinterende schwarz –
  Weibchen unscheinbar
  braun

- **Vorkommen**
  Seen und große Weiher im
  Binnenland

- **Verbreitung**
  mittleres Europa und
  Asien

Diese Tauchente läßt sich recht
häufig beobachten, zumal die
heimischen Bestände durch
zahlreiche Durchzügler
und Wintergäste
aus dem Nor-
den ergänzt
werden. Im Win-
ter ist die Tafelente
überall auf Seen und
Flüssen anzutreffen,

balzender Erpel

oft vergesellschaftet mit Reiherenten (s. Seite 168).
Die Enten sammeln sich auch gerne dort, wo Spa-
ziergänger Wasservögel füttern. Frieren die Wohngewässer zu, weichen die Vögel auf noch offene Wasserflächen aus. Im ausgehenden Winter kann man
die Balz beobachten, die bei den Enten mit besonderen Kopfbewegungen und Lautäußerungen verbun-
den ist (s. Grafik).

Kolbenente
Netta rufina

Mit seinem fuchsroten Kopf (Kopffedern auch ge-
sträubt) und dem leuchtend roten Schnabel ist der
Erpel der Kolbenente unverwechselbar. Im Flug erkennt man die Tauchente außer an der Färbung an
den weißen Flügelstreifen. Wie bei allen Enten ist
das Weibchen vergleichsweise unscheinbar gefärbt
(s. Grafik). Das hat seinen biologischen Sinn. Enten
sind überwiegend Bodenbrüter, und bei ihnen brüten nur die Weibchen. Eine gute Tarnung ist also für
die Weibchen überlebenswichtig. Die Kolbenente ist
in Mitteleuropa überwiegend im Sommer anzutreffen, aber auch zu anderen Jahreszeiten sollte man
auf den attraktiven
Vogel achten.

schwimmendes Weibchen

▶ **~ Ente**

▶ **53 – 57 cm lang**

▶ **Sommervogel und
Durchzügler**

▶ **Merkmale**
Kopf und Kehle fuchsrot;
Schnabel rot; Rücken
braungrau; Flanken weiß;
Brust, Bauch und Hin-
terende schwarz – Weib-
chen bräunlich; Kopfseiten
hellbraun

▶ **Vorkommen**
Seen mit einer dichten
Ufervegetation

▶ **Verbreitung**
Brutgebiete in Mittel- und
Südeuropa, östlich des
Kaspischen Meeres und in
Nordafrika

Eiderente

Somateria mollissima

- ~ Ente
- 50 – 71 cm lang
- Teilzieher

Merkmale
Erpel unten schwarz, oben weiß; roter Anflug auf der Brust; schwarze Kopfplatte; grünlicher Hinterkopf – Weibchen braun, schwarz gebändert – außerhalb der Brutzeit variabel gescheckt

Vorkommen
küstennahe Meeresgebiete, auch größere Binnenseen

Verbreitung
mit Ausnahme Sibiriens fast alle nördlichen Küsten der Nordhalbkugel

Eiderenten ernähren sich von Muscheln und Schnecken, aber auch von Kleintieren und kleinen Fischen.

brütendes Weibchen

Ihre Nahrung erreichen die Vögel tauchend. Im Gegensatz zu den Tauchenten (z. B. Reiherente, Bergente, Tafelente) benutzen Meeresenten wie die Eiderente zum Antrieb unter Wasser aber ihre Flügel (Flügeltaucher). Die Eiderente ist ein nördlich verbreiteter Vogel, und daher brauchen die Gelege einen guten Schutz vor der Kälte. Das Weibchen polstert deshalb das Nest mit reichlich Daunen aus (s. Grafik). Eiderdaunen sind sehr fein, isolieren hervorragend und werden im Norden stellenweise auch gesammelt, vor allem dort, wo die Enten in Kolonien brüten (z. B. auf Island).

Schellente
Bucephala clangula

Bei dieser sehr hell wirkenden Tauchente hört man im Flug ein charakteristisches Pfeifen der Schwingen. Dies klingt etwa so, als ob ein Stein über eine dünne Eisdecke hüpft, was zu dem Namen der Ente geführt hat. Interessanterweise nistet die Schellente in Höhlen. Dabei nimmt sie sowohl natürliche Höhlen in Bäumen als auch Nistkästen entsprechender Größe nicht sehr hoch über dem Boden an. Die jungen Schellenten sind wie alle Enten Nestflüchter. Nach dem Schlüpfen springen sie aus dem Höhleneingang in die Tiefe (s. Grafik), um dann der Mutter zu Fuß zum nächsten Gewässer zu folgen.

Dunenjunges beim Verlassen der Bruthöhle

▶ **< Ente**
▶ **42 – 50 cm lang**
▶ **Wintergast**

▶ **Merkmale**
Kopf schwarz-grün schillernd, mit rundem weißem Fleck an der Schnabelwurzel, Iris gelb; Oberseite schwarz mit weißen Streifen und Feldern; Brust und Bauch weiß – Weibchen mit braunem Kopf, sonst grau im Gefieder

▶ **Vorkommen**
Binnenseen, aber auch Gewässer an der Küste

▶ **Verbreitung**
nördliches Europa, Asien und Nordamerika

- ~ Ente
- 58 – 66 cm lang
- Teilzieher und Wintergast

Merkmale
grünlich-schwarzer Kopf,
scharf gegen den weißen
Hals abgesetzt; Rücken
schwarz-grün; Flanken und
Bauch weiß; Hinterende
dunkelgrau – Weibchen
grau; rotbrauner Kopf,
Kehle weiß

Vorkommen
Seen und Flüsse mit
Baumbestand an den
Ufern

Verbreitung
weite Gebiete im Norden
der Nordhalbkugel (Aus-
nahme: Grönland)

Gänsesäger
Mergus merganser

Säger sind mit
den Enten nah   schwimmendes Weibchen
verwandt; der
Gänsesäger
wiederum ist
die weltweit
größte Art.

Von den Enten kann man sie an dem schlanken
Schnabel mit der Hakenspitze unterscheiden. Dieser
Schnabel weist darauf hin, daß in der Ernährung der
Säger tierische Nahrung überwiegt. Der Gänsesäger
beispielsweise lebt von verschiedenen Kleintieren bis
hin zu kleinen Fischen. Der mitteleuropäische Brutbestand der Vögel ist bedroht. Im Herbst und Winter
tauchen aber Vögel aus nördlichen Brutgebieten in
Mitteleuropa auf, so daß man die Art dann an größeren Binnengewässern regelmäßig beobachten kann.
Gänsesäger brüten in Baumhöhlen, Felsnischen,
unter Bootshäusern oder in dichter Vegetation.

Mittelsäger
Mergus serrator

Der Mittelsäger ist kleiner als der Gänsesäger und wirkt insgesamt dunkler. Seine Kopfhaube ist deutlich zweigeteilt und steht steif nach hinten ab. Mittelsägerweibchen ähneln Gänsesägerweibchen. Bei beiden Arten fallen im Flug große, weiße Flügelfelder auf. In Mitteleuropa gibt es einen bedrohten Bestand an Brutvögeln; als Durchzügler und Wintergast tauchen dort aber regelmäßig Mittelsäger aus dem Norden auf. Ein Gast aus dem Norden ist auch der kleine Zwergsäger (*Mergellus albellus*). Der Erpel mit seinem schwarz-weiß-grauen Gefieder ist mit keinem anderen Wasservogel zu verwechseln (s. Grafik).

▶ ~ Stockente
▶ 52–58 cm lang
▶ Teilzieher und Wintergast

▶ **Merkmale**
Kopf grünlich-schwarz, weißes Halsband; braunes Brustband, dahinter schwarz-weiß geflecktes Band; Rücken schwarz-grün; Unterseite grau und weiß – Weibchen grau; Kopf rotbraun

▶ **Vorkommen**
zur Brutzeit Seen und Meeresküste, auch Inseln; außerhalb der Brutzeit auf Küsten- und Binnengewässern

▶ **Verbreitung**
weite Gebiete im Norden der Nordhalbkugel

Zwergsäger

Weibchen   Erpel

175

- < Ente
- 41 – 49 cm lang
- Jahresvogel

- **Merkmale**
  orangefarbener Kopf mit
  weißem Überaugenstreif;
  brauner Bug, dahinter
  schwarz-weiße Bänderung;
  Flanken graubraun;
  orangefarbene Federsegel
  auf den Flügeln – Weib-
  chen graubraun mit weißlichen Fleckenstreifen an
  den Flanken; Schnabel
  grau

- **Vorkommen**
  stehende und langsam
  fließende, mit Bäumen
  bestandene Gewässer

- **Verbreitung**
  Ostasien, in Mitteleuropa
  stellenweise verwildert

Mandarinente
Aix galericulata

Als Wildvogel brütet
die Mandarinente in
Südostasien (Name!).
In Europa wurde diese
attraktive Schwimm-
ente aber bereits in
der ersten Hälfte des

Weibchen

18. Jahrhunderts als Parkvogel eingeführt. Teilweise
sind die Vögel heute verwildert, bleiben das ganze
Jahr über hier und brüten auch (vor allem in Eng-
land). Interessanterweise ist die Mandarinente ein
Höhlenbrüter. Als Brutplatz kommen natürliche
Baumhöhlen, hohle Baumstubben und Steinhaufen
in Frage; bisweilen stehen die Nester aber auch nur
in dichter Vegetation. Das Weibchen (s. Grafik) legt
sieben bis zwölf weiße Eier. Eine ähnlich exotisch
bunte Schwimmente unserer Parks, die bisweilen
verwildert, ist die Brautente (*Aix sponsa*) aus Nordamerika.

Brandgans, Brandente
Tadorna tadorna

Die kontrastreich gefärbte Brandgans ernährt sich überwiegend von kleinen wirbellosen Tieren wie Krebsen, Muscheln, Schnecken, Würmern und Insekten. Bei der Nahrungssuche im flachen Wasser macht sie mit den Beinen Trampelbewegungen, um die Beutetiere aufzuscheuchen; die entstandenen Trampelkuhlen sind eindeutige Spuren der Aktivitäten der Gans. Dann fährt sie mit dem Kopf seitlich hin und her, um die Beute zu packen. Brandgänse sind Höhlenbrüter. Zum Nestbau kann dichte Vegetation ausreichen, die Vögel ziehen aber auch gerne in Kaninchenbauten, Erdlöcher in Dünen und Hohlräume unter Gebäuden ein.

Dunenjunges

▶ > Ente
▶ 58 – 71 cm lang
▶ 1,10 – 1,33 m Spannweite
▶ Teilzieher

▶ **Merkmale**
Gefieder schwarz-weiß; Kopf und Hals grünlich-schwarz; rostrotes Brustband; grüner Flügelspiegel; Schnabel rot (beim Männchen mit Höcker); Beine fleischfarben

▶ **Vorkommen**
Flachküsten, Flußmündungen, salzige Binnengewässer; Schlick- und Sandflächen

▶ **Verbreitung**
Europa und Teile Vorder- und Mittelasiens

- ▶ **Kennart**
- ▶ **75–90 cm lang**
- ▶ **1,47–1,80 m Spannweite**
- ▶ **Teilzieher**

- ▶ **Merkmale**
  Gefieder grau bis grau-
  braun; helle Vorderflügel;
  Schnabel je nach Unterart
  fleischfarben oder orange-
  gelb; Beine fleischfarben –
  Geschlechter gleich ge-
  färbt

- ▶ **Vorkommen**
  Seen und größere Weiher

- ▶ **Verbreitung**
  verschiedene isolierte
  Brutgebiete im mittleren
  und nördlichen Europa,
  zusammenhängendes
  Brutgebiet im mittleren
  Asien

Graugans
Anser anser

Die Graugans ist
die Stammform
der Hausgans.
Wenn man also
an Weihern und
Seen das typische
nasale „gagagag"-
Schnattern hört,

Kopf einer
Graugans

sollte man nicht unbedingt an Hausgänse, sondern
an die Wildform denken! Ihr Nest baut die Graugans
aus Schilfhalmen und anderem Pflanzenmaterial
meist im Röhricht. Die Mulde wird mit Daunen ausgepolstert und enthält vier bis neun weißliche Eier.
Außerhalb der Brutzeit streifen Graugänse weit umher. Sie tauchen dann auch in Trupps (oft vergesellschaftet mit anderen Gänsearten) an der Küste auf
und sind auf den innerhalb der Deiche gelegenen
Wiesen schön zu beobachten.

Saatgans
Anser fabalis

In Trupps in Mitteleuropa überwinternder Gänse tauchen neben der Graugans auch verschiedene andere Gänsearten auf. Der Graugans am ähnlichsten ist die Saatgans, die man an dem dunklen Hals und der Schnabelfärbung gut erkennen kann (s. Grafik und linke Seite). Ähnlich wie die Saatgans sieht wiederum die Kurzschnabelgans (*Anser brachyrhynchus*) aus. Sie ist aber etwas kleiner, hat einen kürzeren Schnabel (Name!, s. Grafik), und ihre Beine sind rosa. Diese Gans brütet auf Spitzbergen, Island und Grönland. Auf Grund der Lebensbedingungen im hohen Norden sind beide Arten gezwungen zu wandern, und so ergibt sich die Möglichkeit, die Vögel auch in Mitteleuropa zu sehen.

▶ ~ **Gans**
▶ **66–84 cm**
▶ **1,42–1,75 m Spannweite**
▶ **Wintergast**

▶ **Merkmale**
Gefieder graubraun; Hals und Oberseite dunkler als Unterseite; Schnabel gelb mit unregelmäßiger schwarzer Fleckung; Beine gelb bis orange – Geschlechter gleich gefärbt

▶ **Vorkommen**
Sumpfgebiete in der Taiga und Tundra; im Winter auf Wiesen und Feldern

▶ **Verbreitung**
nördliches Europa und Asien, Ostgrönland

Saatgans   Kurzschnabelgans

- ▶ ~ Gans
- ▶ 65–78 cm lang
- ▶ 1,30–1,65 m Spannweite
- ▶ Wintergast

- ▶ **Merkmale**
  Gefieder graubraun mit
  schwarzer Fleckung am
  Bauch; weiße Blesse am
  Schnabelansatz; Schnabel
  rötlich (Eurasien) oder
  gelb (Grönland, Nord-
  amerika); Beine gelb –
  Geschlechter gleich
  gefärbt

- ▶ **Vorkommen**
  Tundra; im Winter auf
  Grünland und Äckern

- ▶ **Verbreitung**
  hoher Norden des nördlichen Eurasiens und Nordamerikas, West-Grönland

Bläßgans
Anser albifrons

An der weißen Stirnblesse (Name!) und an dem
schwarz gefleckten Bauch ist die Bläßgans gut zu erkennen, auch wenn sie in den Überwinterungsgebieten in Trupps vergesellschaftet mit anderen Gänsearten auftaucht. Ihre Stimme kann man als meist
zweisilbiges, hohes „kou-ljau" in rasch schnatternder
Folge beschreiben. Zum Verwechseln ähnlich sieht
die Zwerggans (*Anser erythropus*) aus. Man erkennt
diese Art an der geringeren Größe, vor allem aber an
der Kopfzeichnung. Die Blesse zieht sich bei der
Zwerggans bis oberhalb des Auges in die Stirn;
außerdem umgibt das Auge ein gelber Ring
(s. Grafik).

Bläßgans   Zwerggans

Ringelgans
Branta bernicla

Die Ringel-
gans ist die
kleinste und
dunkelste in
Europa zu beob-
achtende Gans.
Im Gegensatz zur
Nonnengans

weidende Ringelgänse

(s. Seite 182) ist ihr Hals durchgehend schwarz – bis
auf die weißen Flecken, nach denen sie ihren Namen
erhalten hat. Ihre Stimme klingt guttural „rott-rott-
rott"; daher wird in den Überwinterungsgebieten an
der Nordseeküste auch von der Rottgans gesprochen.
Im Winter sieht man Ringelgänse in Mitteleuropa in
Trupps auf meernahen Wiesen und im Vorland Nahrung suchen (s. Grafik). Während der Flut ruhen die
Vögel auf dem Wasser; bisweilen gründeln sie auch
nach Tang, Seegras und Queller, wenn diese Pflanzen im flachen Wasser erreichbar sind.

▶ ~ Ente
▶ 56 – 61 cm lang
▶ 1,10 – 1,20 m Spannweite
▶ Wintergast

▶ **Merkmale**
Kopf, Hals und Brust
schwarz, Hals mit weißem
Halbmondfleck an der
Seite; weißer Schwanz mit
schwarzer Endbinde;
Schnabel und Füße
schwärzlich – Geschlech-
ter gleich gefärbt

▶ **Vorkommen**
küstennahe Tundra mit
Weihern und Seen; außer-
halb der Brutzeit auf Wattflächen und Wiesen

▶ **Verbreitung**
fast alle Küstengebiete im
hohen Norden der Nord-
halbkugel

- < Gans
- 58 – 70 cm lang
- 1,32 – 1,45 m Spannweite
- Wintergast

- **Merkmale**
  Gefieder grau, auf der
  Oberseite dunkler als auf
  der Unterseite; Hinterende
  weiß; Schwanz schwarz;
  Hals und Brust schwarz;
  Wangen weiß – Geschlech-
  ter gleich gefärbt

- **Vorkommen**
  brütet in felsigem Gelände
  hoch über Tälern, meist
  nicht weit vom Meer oder
  von Binnengewässern
  entfernt

- **Verbreitung**
  Ostgrönland, Spitzbergen,
  Nowaja Semlja

Nonnengans, Weißwangengans
Branta leucopsis

Die Nonnen- oder
Weißwangengans –
beide Namen bezie-
hen sich auf die
Kopf- und Hals-
zeichnung –
brütet in klei-
nen Kolonien im
Nordpolargebiet.

Flugformation

Nach dem Schlüpfen der Jungen wandern die Fami-
lien auf meernahe, bewachsene Flächen, wo die
Vögel genügend Nahrung finden. Die jungen Gänse
werden mit 40 – 45 Tagen flügge, und dann ziehen
die Vögel auch bald nach Süden ab, da im hohen
Norden bereits der Winter beginnt. Wie die meisten
Gänse fliegen auch Nonnengänse überwiegend in
Keilformation (s. Grafik). Im Winter kann man sie
auf Salzwiesen, Wiesen und Äckern entlang der
Nord- und Ostseeküste beobachten.

Kanadagans

Branta canadensis

Der Name dieser Gans weist darauf hin, daß sie ein Nordamerikaner ist. Tatsächlich brütet die Kanadagans in weiten Teilen Kanadas und der USA. Man kann verschiedene Unterarten unterscheiden, deren Länge zwischen 0,55 und 1,10 m liegt. Eine so große Variationsbreite gibt es bei keinem anderen Vogel. Die in Großbritannien und Skandinavien verwilderten Kanadagänse liegen am oberen Ende der Größenskala. Bei flüchtigem Hinsehen kann man sie mit Nonnengänsen (s. linke Seite) verwechseln. Während die Kanadagans aber insgesamt braun wirkt, erscheint die Nonnengans grau; beide Arten unterscheiden sich auch in der Färbung am Kopf (s. Grafik).

- ▸ > Gans
- ▸ 0,90–1,00 m lang
- ▸ 1,60–1,75 m Spannweite
- ▸ Jahresvogel und Wintergast

- ▸ **Merkmale**
  Gefieder graubraun, auf der Oberseite dunkler als auf der Unterseite; Hinterende weiß; Schwanz schwarz; Hals schwarz, Wangen weiß – Geschlechter gleich gefärbt

- ▸ **Vorkommen**
  Binnengewässer

- ▸ **Verbreitung**
  Nordamerika, in Mittel- und Nordeuropa gebietsweise verwildert, auch in Neuseeland

Kanadagans Nonnengans

183

Höckerschwan
Cygnus olor

- > Gans
- 1,45–1,60 m lang
- 2,08–2,38 m Spannweite
- Teilzieher

Merkmale
Gefieder bei beiden Geschlechtern rein weiß; Schnabel orangerot mit schwarzem Höcker (am größten bei den Männchen in der Paarungszeit)

Vorkommen
Weiher, Seen und langsam fließende Flüsse; auch Flachwasserzonen entlang der Küsten

Verbreitung
verschiedene Brutgebiete im mittleren Europa und Asien

Der Höckerschwan ist einer der größten flugfähigen Vögel der Erde. Entsprechend schwer hat es der Vogel, sich in die Luft zu erheben. Er muß erst eine gewisse Strecke heftig mit den Flügeln schlagend Anlauf nehmen. In der Luft hört man von den Vögeln ein singendes Flügelgeräusch. Der Höckerschwan baut aus Schilfhalmen und anderen Wasser- und Uferpflanzen ein umfangreiches Nest. Während der gesamten Brutzeit sind die Schwanenmännchen ausgesprochen aggressiv und greifen bei Gefahr für das Gelege ohne Zögern an. Man sollte also einem Schwanennest nicht zu nahe kommen – und auf seine Kinder und seinen Hund achten.

Jungvogel

männlicher Altvogel

184

Singschwan
Cygnus cygnus

Genauso groß und weiß
wie der Höckerschwan,
erkennt man den Sing-
schwan daran, daß der
Hals meist gerade und
nicht S-förmig gehalten
wird. Der Kopf wirkt im
Profil wegen des fehlen-
den Höckers flacher als
beim Höckerschwan, und er
trägt an der Schnabelwurzel
ein dreieckiges, gelbes Feld. Sei-
nen Namen hat der Vogel wegen seiner lauten Trom-
petenrufe erhalten, die er auch oft hören läßt. Ähnlich ist der bei uns ebenfalls nur als Wintergast zu
beobachtende Zwergschwan (*Cygnus columbianus
bewickii*). Dieser Schwan ist sichtbar kleiner (rund
1,20 m lang), und das Gelb an der Schnabelwurzel ist
nicht so ausgedehnt (s. Grafik).

Singschwan

Zwergschwan

▶ > Gans
▶ 1,45 – 1,60 m lang
▶ 2,18 – 2,43 m Spannweite
▶ Wintergast

▶ **Merkmale**
Gefieder weiß; Schnabel
mit gelbem Dreieck an der
Wurzel – Geschlechter
gleich gefärbt

▶ **Vorkommen**
Weiher und Seen in der
Taiga und Tundra; im Win-
ter auf großen Gewässern,
Nahrungssuche dann auch
auf Wiesen und Feldern

▶ **Verbreitung**
nördliches Europa und
Asien

- < Ente
- 46–51 cm lang
- Teilzieher

- **Merkmale**
  Oberseite dunkel graubraun, Unterseite weißlich – nur im Brutkleid auffällige Kopfzeichnung mit schwarzer Haube sowie schwarzer und rostroter Halskrause – Geschlechter gleich gefärbt

- **Vorkommen**
  Seen und größere Weiher

- **Verbreitung**
  mittleres und südliches Europa, mittleres Asien, südliches Australien und Afrika

Haubentaucher
Podiceps cristatus

Der Haubentaucher ist der größte europäische Lappentaucher. In dieser Gruppe faßt man tief im Wasser liegende Schwimmvögel zusammen, die bei der Nahrungssuche und bei Gefahr tauchen. Dabei treiben sie sich mit den Füßen an, deren Zehen lappenartig verbreitert sind (daher der Name Lappentaucher!, s. Grafik

balzende Haubentaucher

rechte Seite). Besonders schöne Beobachtungen kann man am Haubentaucher zu Beginn der Brutzeit machen. Dann zeigen die Vögel ein auffälliges Balzverhalten mit charakteristischen Posen (s. Grafik). Lappentaucher sind insgesamt akustisch nicht sehr auffällig. Die typischen Rufe des Haubentauchers klingen bellend, etwa „körr-arr".

Rothalstaucher
Podiceps grisegena

Der Rothalstaucher ist kleiner als der Haubentaucher und zur Brutzeit an den grauen Wangen und dem rotbraunen Hals (Name!) gut zu erkennen. Zur Balzzeit hört man auch ein langgezogenes Wiehern. Wie alle Lappentaucher legt der Rothalstaucher eine kleine schwimmende Plattform aus Pflanzenmaterial an, um zu brüten. Da die zum Nestbau verwendeten Pflanzen faulen, nehmen die bei der Eiablage weißen Eier bald eine bräunliche Färbung an. Beim Verlassen des Nestes wird das Gelege vom Altvogel mit Nistmaterial abgedeckt. Im Ruhekleid sind Rothalstaucher nicht leicht von Haubentauchern (und den anderen Lappentauchern) zu unterscheiden.

Lappenfuß

▶ < Ente
▶ 40 – 50 cm lang
▶ Teilzieher

▶ **Merkmale**
Oberseite dunkel graubraun, Unterseite weißlich; Kopfplatte schwarz mit undeutlicher Haube, Kopfseiten grau, Hals auf der Vorderseite rotbraun – Geschlechter gleich gefärbt

▶ **Vorkommen**
stehende Gewässer; im Winter vor allem Küstengewässer

▶ **Verbreitung**
mittleres und nördliches Europa und Nordamerika, Ostasien

187

- ~ Taube
- 28–34 cm lang
- Teilzieher

Merkmale
Oberseite schwarzbraun; Flanken rotbraun; Bauch grau-weiß; Kopf und Hals schwarz, am Ohr gelbes Federbüschel, rote Iris – Geschlechter gleich gefärbt

Vorkommen
flache Weiher und Seen; im Winter auch Talsperren und Flüsse

Verbreitung
mittleres und südliches Europa bis nach Asien hinein, südöstliches Afrika, westliche USA

Schwarzhalstaucher
Podiceps nigricollis

An dem schwarzen Hals (Name!), dem gelben Federbüschel hinter dem Ohr und dem aufgeworfenen Schnabel kann man den Schwarzhalstaucher zur Brutzeit

Ruhekleid

gut erkennen. Ähnlich markant wie die Altvögel sind auch die Dunenjungen gefärbt. Sie haben am Kopf eine auffällige schwarz-weiße Streifen- und Fleckenzeichnung. Eine ähnliche Kopfzeichnung ist für die Dunenjungen aller europäischen Lappentaucher typisch. Die Jungen können zwar schon kurz nach dem Schlüpfen schwimmen, müssen aber anfangs noch gewärmt werden. Dazu klettern sie den Eltern nach Bedarf ins Rückengefieder und lassen sich eine Zeitlang huckepack tragen.

Zwergtaucher
Tachybaptus ruficollis

Der Zwergtaucher ist ein kleiner, rundlicher Wasser-vogel mit kurzem Hals und kurzem, dickem Schna-bel. Zur Brutzeit lebt der Vogel recht versteckt, aber durch seine scharfen „pit"-Alarmrufe und vor allem sein kurzes, helles Trillern wird man auf ihn auf-merksam. Dieses Trillern klingt wie „bi bi bi bi" und ist zu allen Jahreszeiten, besonders aber in der Paa-rungszeit zu hören. Im Winter sind Zwergtaucher auch mitten in Städten auf stehenden und langsam fließenden Gewässern zu be-obachten. Allerdings tragen sie dann, wie alle Lap-pentaucher, ein recht unscheinbares Ruhekleid (s. Gra-fik). Frieren die Gewässer zu, wei-chen die Vögel auf eisfreie Flächen aus.

Ruhekleid

> Amsel
> 25–29 cm lang
> Teilzieher

▶ **Merkmale**
Rücken dunkelbraun; Un-terseite heller graubraun; Hals an den Seiten kasta-nienbraun, heller Fleck an der Schnabelwurzel – im Ruhekleid graubraun, ohne Fleck am Schnabel – Geschlechter fast gleich gefärbt

▶ **Vorkommen**
Weiher und Seen

▶ **Verbreitung**
Mittel- und Südeuropa, südliches Asien und Afrika

189

> Taube
> 36–38 cm lang
> Teilzieher

Merkmale
Gefieder schiefrig schwarz; weiße Stirnplatte, weißer Schnabel; graugrüne Beine, Zehen und Schwimmlappen olivgelb – Jungvögel mit weißlicher Kehle und Brust; Stirnschild kleiner – Geschlechter gleich gefärbt

Vorkommen
Weiher und Seen, langsam fließende Flüsse

Verbreitung
mittleres und südliches Europa und Asien, Australien, Nordwestafrika

Bläßhuhn
Fulica atra

Bläßhühner ähneln den Enten, gehören aber zur Vogelfamilie der Rallen. Vor allem im Winter, wenn sich große Trupps der schiefrig schwarzen Vögel an Stellen sammeln, wo Wasservögel gefüttert werden, wird das Typische deutlich. Bläßhühner können gut schwimmen und sogar nach einem kleinen Kopfsprung tauchen. Beim Auffliegen laufen sie eine längere Strecke auf der Wasseroberfläche herum und halten nach dem Abheben die Beine weit nach hinten ausgestreckt. Bläßhühner sind gut zu Fuß, und an Land sieht man dann die Schwimmlappen an den Zehen. Mit diesen Schwimmlappen treiben sich die Vögel im Wasser vorwärts.

Dunenjunges

Teichhuhn
Gallinula chloropus

Das Teichhuhn ist ein schlanker
Wasser- und Schwimmvogel
und nah mit dem Bläßhuhn
verwandt (nicht mit den
Enten!). Es schwimmt
unter Kopfnicken, wo-
bei der Schwanz vor
allem erregter Vögel fast
ständig auf und ab zuckt.
Beim Auffliegen hängen
die Beine lang herunter.

Dunenjunges

Sowohl die Männchen als auch die Weibchen lassen
ein kräftiges „kürrk", bei Erregung auch Laute wie
„kickeck" und scharf „ick-ick" hören – eine unver-
kennbare Vogelstimme. Im Gegensatz zum Bläßhuhn tritt das Teichhuhn auch im Winter meist einzeln auf. Die Art brütet versteckt in der dichten Vegetation am Ufer von Gewässern. Die Gelege umfassen
fünf bis elf Eier.

▶ ~ Taube
▶ 32 – 35 cm lang
▶ Teilzieher

▶ **Merkmale**
Gefieder schwärzlich; an
der Seite gebrochenes,
weißes Band; weiße Unter-
schwanzdecken; rote Stirnplatte, Schnabel rot mit
gelber Spitze; lange grünliche Beine mit langen
Zehen – Geschlechter
gleich gefärbt

▶ **Vorkommen**
stehende und langsam
fließende Gewässer mit
reicher Ufervegetation

▶ **Verbreitung**
mittleres und südliches
Europa und Asien, weite
Teile Afrikas, mittlere Breiten Amerikas

- ~ Gans
- 0,80 – 1,00 m lang
- 1,30 – 1,60 m Spannweite
- Teilzieher

- **Merkmale**
Gefieder schwarz; weißer Schenkelfleck; helle Kehle – im Brutkleid auch weiße Federn am Kopf – Geschlechter gleich gefärbt

- **Vorkommen**
stehende und fließende Binnengewässer, Meeresküsten

- **Verbreitung**
verschiedene Brutgebiete in Europa, Asien, Australien, Neuseeland, Afrika, Nordamerika und Grönland

Kormoran
Phalacrocorax carbo

Kormorane sind gesellige Vögel – sie fischen und brüten gemeinsam mit Artgenossen. Die Vögel ernähren sich fast ausschließlich von Fischen. Da Kormorane beim Tauchen bis auf die Haut naß werden, halten sie nach dem Fischfang die Flügel eine Zeitlang ausgebreitet, um das Gefieder von Wind und Sonne trocknen zu lassen (s. Grafik). Erst mit trockenem Gefieder können die Vögel dann zum Nest zurückfliegen. Kormorane brüten kolonieweise in Bäumen, an der Küste auch auf blankem Fels (dann aber nicht verwechseln mit der Krähenscharbe, s. Seite 208/209!). Große Brutkolonien können gut und gerne mehrere hundert Nester umfassen.

Kormoran beim Gefiedertrocknen

Lachmöwe
Larus ridibundus

Der deutsche und der wissenschaftliche Name dieser Möwe legen
nahe, daß ihre Stimme wie
Lachen klingt. Aber
selbst mit viel
Phantasie wird
man die lau-
ten „kwerr"-   Ruhekleid
Rufe oder die
„rä-grä-grä-krääh-
krääh"-Reihen so nicht
interpretieren. Denkt man dagegen an das englische
Wort „lake" und das französische „lac" für „See", ver-
steht man die Ableitung des deutschen Namens. Die
Lachmöwe ist die typische europäische Binnenland-
möwe und an allen möglichen Gewässern zu beobachten. Sie brütet stets in mehr oder weniger großen
Kolonien. Im Winter haben die Vögel statt der scho-
koladenbraunen Kopffärbung nur einen dunklen
Fleck hinter dem Auge (s. Grafik)!

▶ > Taube
▶ 34–37 cm lang
▶ 0,95–1,05 m Spannweite
▶ Teilzieher, Durchzügler
und Wintergast

▶ **Merkmale**
Gefieder weiß, Oberseite
hellgrau; Flügelenden
schwarz umrandet; scho-
koladenbrauner Kopf mit
hellem Ring um das Auge;
rote Beine; rötlicher
Schnabel – im Ruhekleid
nur graue Flecken an den
Kopfseiten – Geschlechter
gleich gefärbt

▶ **Vorkommen**
stehende Gewässer,
Seggenwiesen und Inseln

▶ **Verbreitung**
mittleres und nördliches
Europa und Asien

193

- ~ Ente
- 55–67 cm lang
- 1,30–1,58 m Spannweite
- Teilzieher, Durchzügler und Wintergast

▶ **Merkmale**
Kopf, Brust und Bauch weiß; Oberseite hellgrau; Flügelspitzen schwarz-weiß; Schnabel gelb mit rotem Fleck vor der Spitze; Beine fleischfarben – Geschlechter gleich gefärbt

▶ **Vorkommen**
Meeresküsten und küstennahe Gewässer, Flußmündungen, gebietsweise auch Seen und Flüsse im Binnenland

▶ **Verbreitung**
Küstengebiete Europas, Norden Nordamerikas

Silbermöwe
Larus argentatus

Die Silbermöwe ist die typische mitteleuropäische Möwenart der Meeresküsten. Sie ist ein robuster und ökologisch flexibler Vogel. Je nach Angebot und Erreichbarkeit ernährt sich die Silbermöwe von Muscheln und Schnecken, Krebstieren, Stachelhäutern und Fischen. Sie stellt aber auch anderen Vögeln und deren Jungen und Eiern nach und gefährdet gebietsweise deren Bestand. Eine weitere Nahrungsquelle, die sich die Möwen mittlerweile erschlossen haben, sind Müllhalden. Suchen sie dort Nahrung, kann es zur Verbreitung von Krankheitserregern (Salmonellen) kommen. Stellenweise muß man deshalb in die Bestände der Silbermöwe regulierend eingreifen.

Möwenfuß

194

Sturmmöwe
Larus canus

Die Sturmmöwe ist kleiner als die
Silbermöwe und an den grünlich-
gelblich gefärbten Beinen und
dem einheitlich grünlich-gelb-
lich gefärbten Schnabel gut
von jener Art zu unter-
scheiden. Da die Sturm-
möwe eine rotbraune Iris
hat, wirkt ihr Gesichts-
ausdruck auch viel
sanfter als der der Silbermöwe, der wegen der gelben
Iris eher kalt erscheint. Insgesamt ist die Sturmmöwe weniger an die Meeresküste gebunden als die
Silbermöwe. Sie kommt auch im Binnenland vor,
sowohl brütend an Seen und Weihern und in Moo-
ren als auch auf dem Zug. In Größe und Aussehen
ähnlich ist die Dreizehenmöwe (s. Seite 209), die
aber durchgehend schwarze Flügelspitzen, schwarze
Beine und eine andere Stimme hat.

fliegende
Sturmmöwe

▶ > Taube

▶ 40–42 cm lang

▶ 1,10–1,25 m Spannweite

▶ Teilzieher, Durchzügler
und Wintergast

▶ **Merkmale**
Oberseite hell bläulich-
grau, sonst weiß im Gefieder; schwarze Flügelspit-
zen, weiß gefleckt; Iris
rotbraun; Schnabel und
Beine grünlich-gelb –
Geschlechter gleich
gefärbt

▶ **Vorkommen**
Meeresküsten, aber auch
Feuchtgebiete im Binnen-
land; Nahrungssuche auf
dem Land und am Wasser

▶ **Verbreitung**
nördliches Eurasien, Nord-
westen Nordamerikas

Mantelmöwe
Larus marinus

- > Ente
- 64–78 cm lang
- 1,50–1,65 m Spannweite
- Übersommerer, Durch-
  zügler und Wintergast

- **Merkmale**
  Rücken und Flügelober-
  seite schwarz, sonst weiß;
  Schnabel gelb mit rotem
  Fleck vor der Spitze; Beine
  fleischfarben – Geschlechter gleich gefärbt

- **Vorkommen**
  Meeresküsten; brütet vor
  allem an flachen Fels-
  küsten

- **Verbreitung**
  Küsten Skandinaviens,
  Großbritanniens, Islands,
  Südgrönlands und des
  nordwestlichen Nord-
  amerikas

Von den anderen europäischen Möwenarten unterscheidet sich die Mantelmöwe
in der Färbung der Oberseite; sie trägt
sozusagen einen schwarzen Mantel
(Name!). Eine dunkle Oberseite hat
allerdings auch die Heringsmöwe
(s. rechte Seite); diese Möwe ist
oberseits aber doch heller, und vor
allem wird sie nicht so
groß wie die Mantel-
möwe. Die Mantel-
möwe kann man weiter
an ihrem langsamen,
wuchtigen Flügelschlag
(erinnert an den Flug
eines Reihers) und an ihrer tiefen Stimme erkennen.
In Mitteleuropa ist diese Art zwar das ganze Jahr
über zu beobachten, sie brütet aber erst weiter im
Norden.

fliegende
Mantelmöwe

Heringsmöwe
Larus fuscus

Die Heringsmöwe ist etwa so groß wie die Silbermöwe, aber auf der Oberseite viel dunkler, wenn auch nicht so dunkel wie die Mantelmöwe. Wie ihr Name nahelegt, ernährt sich diese Möwe von Fischen, daneben aber auch von Würmern und Insekten, von Aas und Fischabfällen – ein Nahrungsspektrum, wie es für die großen Möwen typisch ist. Die Heringsmöwe brütet am Boden, meist in Kolonien. Bei Störungen am Nest hört man deutliche „ga-ga-gag"-Warnrufe, und dann fliegen die Vögel Scheinangriffe. Dieses Verhalten kann man auch bei einigen anderen Möwenarten beobachten. Die tarnfarbigen jungen Möwen sind Nestflüchter (s. Grafik).

Dunenjunges

▶ > Ente

▶ 52–67 cm lang

▶ 1,28–1,50 m Spannweite

▶ **Sommervogel und Durchzügler**

▶ **Merkmale**
Rücken und Flügeloberseiten grauschwarz, Gefieder sonst weiß; Schnabel gelb mit rotem Fleck vor der Spitze; Beine gelb – Geschlechter gleich gefärbt

▶ **Vorkommen**
vegetationsreiche Flach- und Felsküsten, im Binnenland auch sumpfig-moorige Gebiete und flache Inseln größerer Seen

▶ **Verbreitung**
Nordwest- und Nordeuropa, Nord- und Mittelasien

197

- ~ Taube
- 31–35 cm lang
- 77–98 cm Spannweite
- Sommervogel und Durchzügler

- **Merkmale**
  Oberseite hellgrau, sonst weiß; schwarze Kopfplatte, zinnoberroter Schnabel mit schwarzer Spitze; rote Beine – Geschlechter gleich gefärbt

- **Vorkommen**
  naturnahe Flüsse und Seen, Kies- und Sandgruben, Flachküsten

- **Verbreitung**
  mittleres Eurasien und Nordamerika, lokal in Nord- und Westafrika, an der Südküste Nordamerikas und in der Karibik

Flußseeschwalbe
Sterna hirundo

Beobachtet man Seeschwalben zum ersten Mal, erkennt man schnell die Unterschiede zu den nah verwandten Möwen. Seeschwalben sind viel schlanker und schnittiger

Kopf der Flußseeschwalbe

gebaut als Möwen. Ihr Schnabel ist lang, schlank und spitz, ihr Schwanz mehr oder weniger tief gegabelt (daher See„schwalbe"!). Wie ihr Name nahelegt, brütet die Flußseeschwalbe an größeren Flüssen und Seen auf Kiesbänken oder kurzrasigem Grünland. Ihr Bestand hat hier infolge von Flußregulierungen und Störungen stark abgenommen. Gesicherte Brutbestände gibt es aber noch an den europäischen Küsten.

Küstenseeschwalbe
Sterna paradisaea

Man muß schon genau hinsehen, will man die Küstenseeschwalbe von der Flußseeschwalbe unterscheiden. Sie wirkt insgesamt grauer als die Flußseeschwalbe, und ihr Schnabel ist einheitlich karminrot gefärbt (s. Grafik und linke Seite). Stehen die Vögel frei, so erkennt man auch, daß die Flügelspitzen von den Schwanzspießen überragt werden (bei der Flußseeschwalbe nicht). Und so weite Wanderungen wie die Küstenseeschwalbe macht kaum ein anderer Vogel: Vom Brutgebiet im hohen Norden zieht sie zum Überwintern in die Antarktis und wieder zurück, insgesamt 35.000–40.000 km! Wie die meisten Seeschwalben brütet die Küstenseeschwalbe am Boden. Volle Gelege umfassen zwei bis drei tarnfarbige Eier.

Kopf der Küstenseeschwalbe

▶ ~ Taube
▶ 33–35 cm lang
▶ 75–85 cm Spannweite
▶ **Sommervogel und Durchzügler**

▶ **Merkmale**
hellgrauer Rücken und Flügeloberseiten; übriges Gefieder weiß; schwarze Kopfplatte, karminroter Schnabel; rote Beine – Geschlechter gleich gefärbt

▶ **Vorkommen**
Strände und Dünen, im Norden auch in der Tundra

▶ **Verbreitung**
nördliches Eurasien und Nordamerika, Schwerpunkt an den Küsten

- ▸ > Taube
- ▸ 36 – 41 cm lang
- ▸ 0,95 – 1,05 m Spannweite
- ▸ Sommervogel und
  Durchzügler

- ▸ **Merkmale**
  Gefieder weiß; schwarze
  Kopfplatte, schwarzer
  Schnabel mit gelber Spitze;
  schwarze Beine – Ge-
  schlechter gleich gefärbt

- ▸ **Vorkommen**
  Meeresküsten (Dünen,
  Sand- und Kiesbänke)

- ▸ **Verbreitung**
  lokal an den Küsten Mitteleuropas, am Mittelmeer,
  Schwarzen Meer und Kaspischen Meer, an der Ostküste
  Nordamerikas, an den Küsten Mittelamerikas und des
  nördlichen Südamerikas

Brandseeschwalbe
Sterna sandvicensis

An dem schwarzen Schnabel
mit der gelben Spitze,
den gesträubten Hin-
terkopffedern und den harten
„kirreck"-Rufen kann man die
Brandseeschwalbe gut von anderen
Seeschwalbenarten unterscheiden.
Einen schwarzen Schnabel hat allerdings auch die seltenere Lachseeschwalbe
(*Gelochelidon nilotica*); ihm fehlt aber die gelbe Spitze
(s. Grafik). Auf der Nahrungssuche sieht man die
Brandseeschwalbe, wie die
anderen Arten, mit nach
unten gerichtetem
Schnabel über das fla-
che Wasser fliegen. Hat sie
einen Fisch entdeckt, kippt sie
seitlich ab und stürzt sich in die
Fluten („Stoßtauchen").

Brandseeschwalbe

Lachseeschwalbe

Zwergseeschwalbe
Sterna albifrons

Diese sehr schnelle und gewandte Seeschwalbe ist eine der kleinsten europäischen Arten. Sie wird noch nicht einmal halb so groß wie die größte Art, die Raubseeschwalbe (*Sterna caspia*). Dieses Beispiel zeigt, daß innerhalb einer Gruppe nah verwandter Vogelarten beträchtliche Größenunterschiede auftreten können (s. Grafik). Die zierliche Zwergseeschwalbe ist ein Sorgenkind der Vogelschützer. Sie nistet entlang der Meeresküsten auf den exponierten Stränden und Sänden, und Störungen durch Hochfluten und Übersandung oder durch Strandwanderer gefährden immer wieder den Bruterfolg.

Raubseeschwalbe

Zwergseeschwalbe

▶ < Amsel

▶ 22–24 cm lang

▶ 48–55 cm Spannweite

▶ Sommervogel und Durchzügler

▶ **Merkmale**
Gefieder weiß; Rücken und Flügeloberseiten hellgrau; schwarze Kopfplatte mit weißer Stirn, gelber Schnabel mit schwarzer Spitze; gelbe Beine – Geschlechter gleich gefärbt

▶ **Vorkommen**
Meeresküsten

▶ **Verbreitung**
Küsten Mittel- und Südeuropas, des südlichen Asiens, Australiens, von Teilen Afrikas, Mittelamerikas

- ~ Amsel
- 23–25 cm lang
- 74–78 cm Spannweite
- Sommervogel und Durchzügler

▶ **Merkmale**
schwarze Kopfplatte, seitlich am Kopf weiß, Gefieder sonst dunkelgrau, Schnabel einheitlich dunkelrot; Beine rot – Geschlechter gleich gefärbt

▶ **Vorkommen**
stehende Gewässer im Binnenland (sowohl Süßwasser als auch Brack- und Salzwasser)

▶ **Verbreitung**
Brutgebiete im südlichen Europa, in Asien, Australien und Afrika

Weißbartseeschwalbe
Chlidonias hybridus

Je nach Beleuchtung kann die Weißbartseeschwalbe recht hell (fast wie eine Fluß- oder Küstenseeschwalbe) oder sehr düster wirken, aber nie so dunkel wie die Trauerseeschwalbe (s. rechte Seite). Von dieser Seeschwalbe hört man rauhe „krä"- oder „kräk"-Rufe, die klingen, als ob man einen Kamm sehr schnell über eine Tischkante zieht. Die Art ist an Binnengewässern zu Hause. Sie nistet auf Schwimmblattpflanzendecken (Seerosen) oder in überfluteter Sumpfvegetation. Und wie andere Seeschwalben brütet die Weißbartseeschwalbe in Kolonien. Die Gelege umfassen meist drei graugrüne Eier mit grober brauner Zeichnung.

fliegende
Weißbartseeschwalbe

Trauerseeschwalbe
Chlidonias niger

Die relativ kleine Trauerseeschwalbe brütet in
Feuchtgebieten im Binnen-
land. Ihr Brutbestand in Mitteleuropa ist in den letzten
Jahrzehnten stark zurückgegangen. Die Vögel bauen auf dem
Wasser kleine schwimmende Platt-
formen aus Pflanzenmate-
rial, auf die drei Eier abge-
legt werden. Eine ver-
gleichbare Brutbiologie
hat die äußerlich sehr

fliegende Trauerseeschwalbe

ähnliche und noch seltenere Weißflügelseeschwalbe
(*Chlidonias leucopterus*). Man unterscheidet sie am
besten an den hellen Oberflügeln, den schwarz-
weißen Unterflügeln und dem weißen Schwanz. Im
Ruhekleid sehen sich beide Arten bis auf die dunklen
Schulterflecken zum Verwechseln ähnlich.

▶ ~ Amsel

▶ 22–24 cm lang

▶ 64–68 cm Spannweite

▶ Sommervogel und
Durchzügler

▶ **Merkmale**
dunkelgrau; Unterseite der
Flügel hellgrau; Unter-
schwanzdecken weiß;
Schnabel schwarz, Beine
rötlich-braun – Geschlechter gleich gefärbt

▶ **Vorkommen**
Gewässer im Binnenland,
vor allem größere Seen mit
reichem Vegetationsgürtel

▶ **Verbreitung**
mittleres und südliches
Europa bis nach Asien
hinein, mittleres Nord-
amerika

Wälder und Binnengewässer

1 **Habichtskauz**
   Strix uralensis
   Eulen
   Nadel-, Misch- und Laubwälder

2 **Bartkauz**
   Strix nebulosa
   Eulen
   Nadel- und Mischwälder

3 **Seidenschwanz**
   Bombycilla garrulus
   Seidenschwänze
   lichte Nadel- und Birkenwälder

4 **Unglückshäher**
   Perisoreus infaustus
   Krähen
   dichte Nadelwälder, auch
   Mischwälder

5 **Bergfink**
   Fringilla montifringilla
   Finken
   lichte Birken- und Nadelwälder

6 **Birkenzeisig**
   Acanthis flammea
   Finken
   Nadel- und Birkenwälder

7 **Sterntaucher**
   Gavia stellata
   Seetaucher
   Weiher und Seen in der Tundra

8 **Odinshühnchen**
   Phalaropus lobatus
   Schnepfenvögel
   Weiher in Fjäll und Tundra

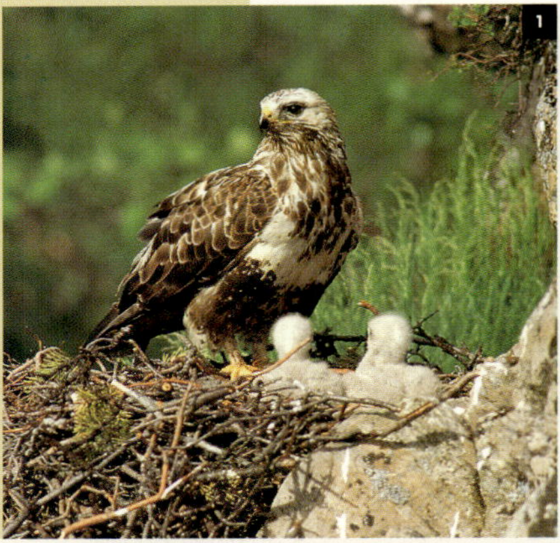
1

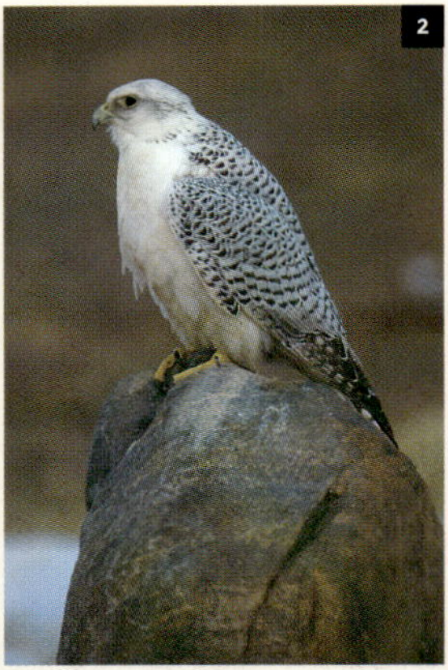
2

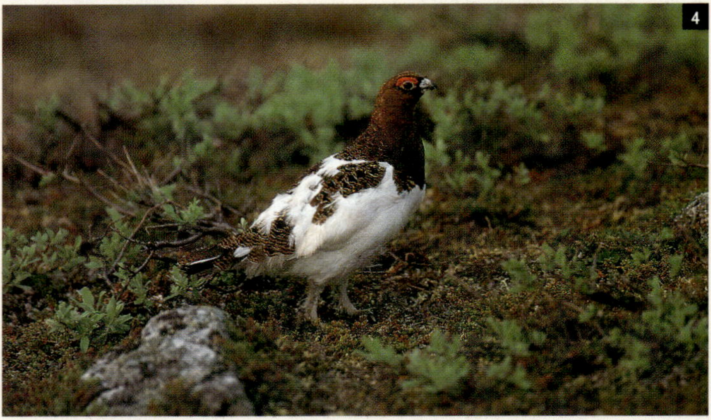
4

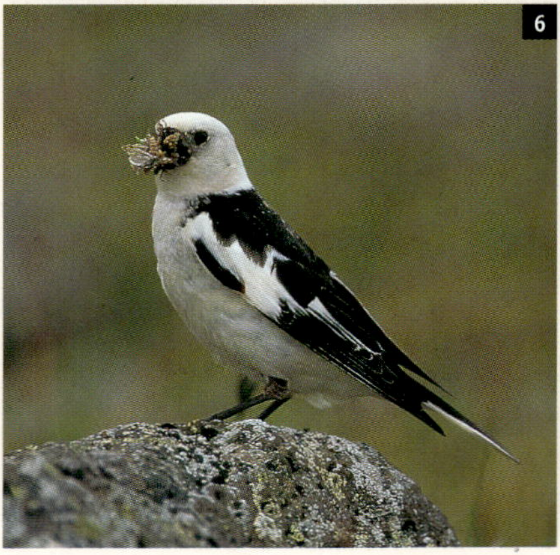
6

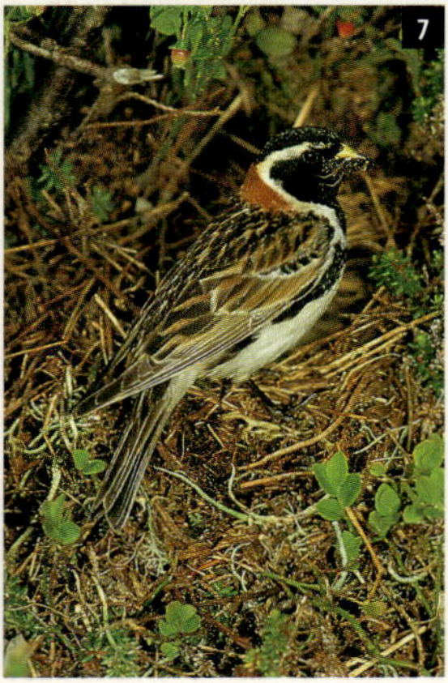
7

Fjäll und Tundra

1 **Rauhfußbussard**
   Buteo lagopus
   Habichtartige
   Tundra

2 **Gerfalke**
   Falco rusticolus
   Falken
   Fjäll und Tundra, auch Küsten

3 **Falkenraubmöwe**
   Stercorarius longicaudus
   Raubmöwen
   Tundra

4 **Moorschneehuhn**
   Lagopus lagopus
   Rauhfußhühner
   Heiden und Moore, Tundra

5 **Mornellregenpfeifer**
   Charadrius morinellus
   Regenpfeifer
   Fjäll und Tundra

6 **Schneeammer**
   Plectrophenax nivalis
   Ammern
   Fjäll und Tundra

7 **Spornammer**
   Calcarius lapponicus
   Ammern
   Fjäll und Tundra

8 **Blaukehlchen/Rotsterniges Blaukehlchen**
   Luscinia svecica svecica
   Drosseln
   Weiden- und Birkengebüsche in Fjäll und Tundra

Küsten und Inseln

1 **Papageitaucher**
Fratercula arctica
Alke
Meeresvogel, zur Brutzeit an
steilen Küsten

2 **Eissturmvogel**
Fulmarus glacialis
Sturmvögel
Meeresvogel, zur Brutzeit an
Felsküsten

3 **Baßtölpel**
Sula bassana
Tölpel
Meeresvogel, zur Brutzeit an
Küsten

4 **Trottellumme**
Uria aalge
Alke
Meeresvogel, zur Brutzeit an
Felsküsten

5 **Dreizehenmöwe**
Rissa tridactyla
Möwen
Meeresvogel, zur Brutzeit an
Küsten

6 **Tordalk**
Alca torda
Alke
Meeresvogel, zur Brutzeit an
Felsküsten

7 **Krähenscharbe**
Phalacrocorax aristotelis
Kormorane
Meeresvogel, zur Brutzeit an
Felsküsten

8 **Gryllteiste**
Cepphus grylle
Alke
Meeresvogel, zur Brutzeit an
Küsten

209

Wälder und Buschland

1 **Bienenfresser**
Merops apiaster
Spinte
offene Landschaft mit Bäumen
und Gebüschen

2 **Blauracke**
Coracias garrulus
Racken
lichte Wälder, offenes Gelände
mit Bäumen

3 **Zwergohreule**
Otus scops
Eulen
kleine Waldgebiete, Baum-
gruppen, Alleen, Parks

4 **Blauelster**
Vanessa cardui
Krähen
lichte Wälder, offene Landschaft mit Baumgruppen
sowie Gebüschen

5 **Weidensperling**
Passer hispaniolensis
Sperlinge
Gelände mit Baumgruppen
und Gebüschen, Olivenhaine,
Gärten, Dörfer

6 **Rothuhn**
Alectoris rufa
Glattfußhühner
offene Landschaft, Heiden

7 **Häherkuckuck**
Clamator glandarius
Kuckucke
lichte Wälder, offene Land-
schaft mit Gebüschen und
Bäumen

8 **Blaumerle**
Monticola solitarius
Drosseln
felsige Hänge und Schluchten
im Bergland

Steppen und Brachland

1 **Rötelfalke**
Falco naumanni
Falken
offene Kulturlandschaft

2 **Schmutzgeier**
Neophron percnopterus
Habichtartige
in Gebieten mit Weidewirt-
schaft

3 **Zwergtrappe**
Tetrax tetrax
Trappen
weites, offenes Gras- und
Ackerland

4 **Großtrappe**
Otis tarda
Trappen
weite, baumlose
(Steppen-)Landschaft

5 **Rotflügel-Brachschwalbe**
Glareola pratincola
Brachschwalben
Steppen

6 **Triel**
Burhinus oedicnemus
Triele
trockenes, steiniges Gelände

7 **Kalanderlerche**
Melanocorypha calandra
Lerchen
von Grasland bis zu trockenem,
steinigem Kulturland

8 **Mittelmeersteinschmätzer**
Oenanthe hispanica
Drosseln
steppenartiges Gelände,
steinige Hänge

Feuchtgebiete und Lagunen

1 **Rosaflamingo**
   Phoenicopterus ruber
   Flamingos
   Flachwasserseen und Lagunen

2 **Löffler**
   Platalea leucorodia
   Ibisse
   Sumpfgebiete mit viel offener
   Wasserfläche

3 **Purpurreiher**
   Ardea purpurea
   Reiher
   größere Sumpfgebiete,
   Verlandungszone von Seen

4 **Silberreiher**
   Egretta alba
   Reiher
   Binnengewässer, Sumpfgebiete

5 **Stelzenläufer**
   Himantopus himantopus
   Stelzenläufer
   flache Seen, Lagunen

6 **Rosapelikan**
   Pelecanus onocrotalus
   Pelikane
   Sumpfgebiete, Seen, Lagunen

7 **Beutelmeise**
   Remiz pendulinus
   Beutelmeisen
   Sumpfgebiete, Bruchwälder

Bergmann, H.-H. (1987): Die Biologie des Vogels. Aula-Verlag, Wiesbaden.

Bergmann, H.-H. und H.-W. Helb (1982): Stimmen der Vögel Europas. BLV Verlagsgesellschaft, München.

Berthold, P. (1990): Vogelzug - Eine kurze, aktuelle Gesamtübersicht. Wissenschaftliche Buchgesellschaft, Darmstadt.

Berthold, P., E. Bezzel und G. Thielcke (1974): Praktische Vogelkunde. Kilda-Verlag, Greven.

Bezzel, E. (1977): Ornithologie. Verlag Eugen Ulmer, Stuttgart (UTB).

Bezzel, E. (1985): Kompendium der Vögel Mitteleuropas: Nonpasseriformes/Nichtsingvögel. Aula-Verlag, Wiesbaden.

Bezzel, E. (1993): Kompendium der Vögel Mitteleuropas: Passeres/Singvögel. Aula-Verlag, Wiesbaden.

Bezzel, E. (1996): Vögel beobachten - Praktische Tips, Vogelschutz, Nisthilfen. BLV Verlagsgesellschaft, München.

Bruun, B., H. Delin, L. Svensson und P.H. Barthel (1998): Der Kosmos-Vogelführer - Die Vögel Deutschlands und Europas. Franckh-Kosmos Verlag, Stuttgart.

Burton, R. (1985): Das Leben der Vögel. Franckh-Kosmos Verlag, Stuttgart.

Colston, P. und P. Burton (1989): Limikolen – Alle europäischen Watvogel-Arten, Bestimmungsmerkmale, Flugbilder, Biologie, Verbreitung. BLV Verlagsgesellschaft, München.

Heinzel, H., R. Fitter und J. Parslow (1972): Pareys Vogelbuch. Verlag Paul Parey, Hamburg/Berlin.

Frieling, H. und P.H. Barthel (1997): Das neue Was fliegt denn da?, Franckh-Kosmos Verlag, Stuttgart.

Jonsson, L. (1999): Die Vögel Europas und des Mittelmeerraums. Franckh-Kosmos Verlag, Stuttgart.

Lohmann, M. und K. Haarmann (1989): Vogelparadiese, Band 1: Norddeutschland und Berlin. Verlag Paul Parey, Hamburg/Berlin.

Lohmann, M. und K. Haarmann (1989): Vogelparadiese, Band 2: Süddeutschland. Verlag Paul Parey, Hamburg/Berlin.

Lohmann, M. und E. Rutschke (1991): Vogelparadiese, Band 3: Ost- und Mitteldeutschland. Verlag Paul Parey, Hamburg/Berlin.

Peterson, R.T., G. Mountfort und P.A.D. Hollom (1973/1976): Die Vögel Europas. Verlag Paul Parey, Hamburg/Berlin.

Pott, E. und J. C. Roché, (1989): Vogelstimmen an Strand und Küste. Franckh-Kosmos Verlag, Stuttgart. (2 Tonkassetten mit Begleitheft)

Roché, J.C. (1995): Die Vogelstimmen Europas auf vier CDs. Franckh-Kosmos Verlag, Stuttgart.

Schildmacher, H. (1982): Einführung in die Ornithologie. Gustav Fischer Verlag, Stuttgart.

Singer, D. (1987): Singvögel - Alle mitteleuropäischen Singvögel. Franckh-Kosmos Verlag, Stuttgart.

Svensson, L., P.J. Grant, K. Mullarney und D. Zetterström: Der neue Kosmos-Vogelführer. Franckh-Kosmos Verlag (1999)

Thielcke, G. (1970): Vogelstimmen. Springer-Verlag, Berlin.

Zech, J. (1984): Vogelhäuschen, Nistkästen, Vogeltränken - mit Plänen und Anleitungen zum Selbstbau. Falken Verlag, Niedernhausen.

REGISTER

Mit 248 Farbfotos von Brandl (86, 208/7, 210/1), Danegger (6, 14, 15, 20, 21, 22, 38, 106, 108, 129, 130, 169, 193), Diedrich (92, 117, 204/4), Fürst (25, 45, 73, 109, 186), Hecker (30, 32, 47, 63, 88, 160, 163, 167, 172, 174, 205/3), Hopf (4u., 100, 101, 205/6), Hortig (28, 50, 141), Klees (17, 18, 40, 49, 68, 95, 104, 146, 176, 198, 204/1), Layer (67), Limbrunner (3, 13, 23, 53, 64, 69, 84, 89, 98, 116, 122, 126, 133, 150, 195, 210/4, 211/8, 213/2, 212/3, 212/7, 215/2) Maier (131) Pforr (26, 46, 51, 72, 140), Pott (40., 5, 7, 8, 9, 10, 11, 90, 93, 94, 96, 97, 105, 118, 119, 120, 123, 127, 128, 132, 135, 137, 138,142, 143, 144, 147, 154, 159, 162, 164, 165, 166, 168, 170, 171, 173, 175, 177, 178, 179, 180, 182, 183, 184, 190, 191, 192, 194, 199, 205/8, 206/2, 206/4, 207/3, 207/5, 208/1, 208/3, 208/4, 208/8, 209/2, 209/5, 214/1, 214/3, 214/4, 214/6, 215/5), Reinhard-Tierfoto (87, 113, 121, 124, 204/2), Schmidt (31, 33, 37, 57, 59, 70, 71, 77, 79, 91, 210/2, 211/5, 213/5), Synatzschke (125), Vogt (16, 19, 34, 42, 44), Weber (134, 145), Wernicke (149, 152, 157, 158, 161, 181, 185, 196, 197, 200, 201, 204/7, 208/6), Willner (24), Willner/Magerl (212/6), Zeininger (27, 29, 35, 36, 39, 41, 43, 48, 52, 54, 55, 56, 58, 60, 61, 62, 65, 66, 74, 75, 76, 78, 80, 81, 82, 83, 85, 99, 102, 103, 107, 110, 111, 112, 114, 115, 136, 139, 148, 151, 153, 155, 156, 187, 188, 189, 202, 203, 204/5, 206/1, 206/6, 206/7, 207/8, 210/6, 210/7, 211/3, 212/1, 212/4, 213/8, 215/7) sowie 188 Farbzeichnungen von M. Golte-Bechtle (16, 17, 18, 20, 22, 23, 24, 25, 26, 28, 29, 30, 31, 34, 35, 37, 40, 42, 43, 49, 54, 55, 56, 57, 58, 60, 61, 62, 63, 64, 66, 67, 68, 69, 74, 75, 76, 78, 84, 85, 88, 89, 90, 91, 92, 93, 94, 95, 96, 97, 98, 99, 100, 101, 102, 103, 104, 105, 106, 107, 108, 110, 111, 112, 113, 114, 115, 118, 121, 122, 124, 125, 127, 129, 142, 143, 148, 149, 181, 183, 184, 185, 190, 191) und R. Lottmann (19, 21, 27, 32, 33, 36, 38, 39, 41, 44, 45, 46, 47, 48, 50, 51, 52, 53, 59, 65, 70, 71, 72, 73, 77, 79, 80, 81, 82, 83, 86, 87, 109, 116, 117, 119, 120, 123, 126, 128, 130, 131, 132, 133, 134, 135, 136, 137, 138, 139, 140, 141, 144, 145, 146, 147, 150, 151, 152, 153, 154, 155, 156, 157, 158, 159, 160, 161, 162, 163, 164, 165, 166, 167, 168, 169, 170, 171, 172, 173, 174, 175, 176, 177, 178, 179, 180, 182, 186, 187, 188, 189, 192, 193, 194, 195, 196, 197, 198, 199, 200, 201, 202, 203)

Auf der Umschlagklappe acht Farbzeichnungen von M. Golte-Bechtle, zwei Farbzeichnungen von S. Walentowitz, 65 Symbole aus dem Kosmos-Archiv und zwei Symbole von N. Baasner. Zeichnung der Infoscheibe von M. Golte-Bechtle

Umschlaggestaltung von Friedhelm Steinen-Broo, Pau (Spanien) unter Verwendung eines Dias (Blaukehlchen) von Zeininger

Die Deutsche Bibliothek – CIP-Einheitsaufnahme

Vögel : [mit Infoscheibe ; Extra: Urlaubsgebiete Europas]/ Eckart Pott. – Stuttgart : Kosmos, 2000
    (Kosmos kompakt)
    ISBN 3-440-07700-4

Grundlayout: Friedhelm Steinen-Broo, eSTUDIO CALAMAR
Lektorat: Dr. Sigrun Künkele
Herstellung: Markus Schärtlein
Printed in Germany/Imprimé en Allemagne
Satz: Hahn Medien, Kornwestheim
Druck und Bindung: Westermann Druck Zwickau, Zwickau

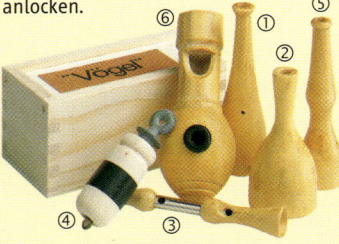

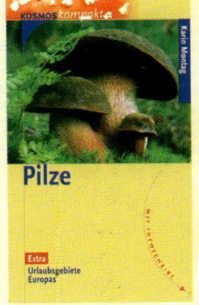

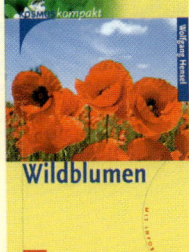

Ein wesentliches Charakteristikum der Tiergruppe Vögel ist, daß die Weibchen Eier legen und sich die Jungen im Inneren dieser mit einer Kalkschale versehenen, dotterreichen Eier entwickeln. Bis auf wenige Ausnahmen werden die Eier bis zum Schlüpfen der Jungen mehr oder weniger permanent bebrütet.

Vögel brüten überwiegend in eigenen Revieren, die gegen Artgenossen verteidigt werden (z.B. Singvögel). Es gibt jedoch auch viele Vogelarten, die in Kolonien zusammen mit Artgenossen oder auch zusammen mit anderen Arten brüten, wo das Revier eigentlich nur noch den unmittelbaren Nestbereich umfaßt (z.B. Baßtölpel, Bienenfresser, Uferschwalbe). Bei einigen Vogelgruppen sind die Jungen Nesthocker, die erst nach längerer Nestlingszeit flügge werden, bei anderen verlassen sie das Nest bereits kurz nach dem Schlüpfen als schon relativ weit entwickelte Nestflüchter.

Die nebenstehende Scheibe verdeutlicht, an welchen Orten Vögel brüten, nennt hierfür typische Vertreter und zeigt dann jeweils ein charakteristisches Nest (s. Namen in Klammern). Nester und Eier weisen artspezifische Merkmale auf, d.h., man kann anhand verschiedener Merkmale bestimmen, welche Vogelart den Nestern und Eiern zuzuordnen ist.

Zunächst läßt sich von der Größe des Nestes in etwa auf die Größe des Erbauers schließen. Die Form des Nestes gibt weitere Anhaltspunkte. Ein Nest kann eine große Plattform aus Ästen und Zweigen sein, aber auch eine faustgroße Kugel aus Moos, eine am Ende erweiterte Röhre in einer Lehmwand oder eine auf dem Wasser schwimmende Plattform aus Zweigen und Schilfhalmen. Manche Vögel drehen nicht mehr als eine kleine Mulde in den Boden, und wieder andere bauen gar keine eigenen Nester, sondern benutzen die Nester oder Bruthöhlen anderer Arten, um darin die eigenen Jungen aufzuziehen. Anhand der Merkmale Größe, Form und Färbung kann man auch die Eier der Vögel meist eindeutig einer bestimmten Art zuordnen.

Ein Hinweis: Am Nest sind die meisten Vögel äußerst sensibel. Manche verlassen schon nach geringer Störung für immer Brutplatz, Gelege oder Junge. Und selbst wenn die Vögel nach einem Besuch zum Nest zurückkehren, so locken doch die hinterlassenen Spuren Nesträuber an. Jeder Beobachter sollte daher unbedingt in der Nähe von Vogelnestern große Vorsicht walten lassen.